NE능률 영어교과서

대한민국 고등학생 **10**명 중 **4.7**명이 보는 교과서

영어 고등 교과서 점유율 1위
(7차, 2007 개정, 2009 개정, 2015 개정)

리딩튜터

그동안 판매된
리딩튜터 1,800만 부
차곡차곡 쌓으면 18만 미터

에베레스트 20배 높이

180,000m

에베레스트 8,848m

능률보카

그동안 판매된
능률VOCA 1,100만 부

대한민국 박스오피스
천만명을 넘은 영화 단 28개

그래머존

그동안 판매된 400만 부의 그래머존을 바닥에 쭉~ 깔면
1000km 서울-부산 왕복가능

서울

부산

KB084612

NELT
문법 실전 모의고사 LEVEL 6

지은이	NELT 평가연구소
선임 연구원	김지현
연구원	윤인아, 백인경, 이연송
영문교열	Angela Lan
디자인	민유화
맥편집	김미진
영업 책임	김영일

Let's grow together

NE능률이
미래를
창조합니다.

건강한 배움의 고객가치를 제공하겠다는 꿈을 실현하기 위해
42년 동안 열심히 달려왔습니다.

앞으로도 끊임없는 연구와 노력을 통해
당연한 것을 멈추지 않고

고객, 기업, 직원 모두가 함께 성장하는 NE능률이 되겠습니다.

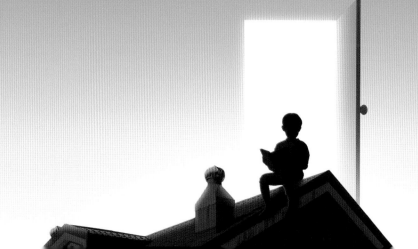

NELT

Neungyule English Level Test

—

문법 실전 모의고사

LEVEL 6

NELT(Neungyule English Level Test)란?

NELT(넬트)는 영어교육 전문기업 NE능률이 한국 교육과정 기준으로 개발한 IBT(Internet Based Test) 방식의 영어 레벨 테스트입니다. 응시자 수준에 맞는 문항을 통해 영역별(어휘·문법·듣기·독해) 실력을 정확하게 측정하고 전국 단위 객관적 평가 지표와 맞춤형 학습 처방을 제공합니다. NELT를 통해 중고등 내신·수능에 대비하는 학생들의 약점을 파악하고, 효율적인 학습으로 실질적인 성적 향상을 도모할 수 있습니다.

시험 특징

⊙ 영역별 심화 학습 가능

정확한 어휘 활용 능력 측정

`형태` `의미` `쓰임`

약 1만 개 어휘를 토대로 설계한 다양한 문제 유형을 통해, 어휘의 형태/의미/쓰임을 제대로 알고 있는지 평가하여 정확한 어휘 활용 능력을 측정

문법 항목별 약점에 따라 처방

`활용` `판단`

응시자가 문법적 맥락에 맞게 사용하지 못한 문법 항목들을 구체적으로 제공함으로써 올바른 문법 학습 방향을 제시

어휘력 · 문법 이해력 · 독해력 · 듣기 능력

영어 실력 향상

듣기 시험 대비와 의사소통 능력 향상

`정보 파악` `문제 해결` `표현`

교육부 듣기 영역 성취 기준에 따라 정보 이해력, 논리력, 문제 해결력, 추론 능력 등을 평가하여, 내신 및 수능 듣기 평가에 대비

심도 있는 평가를 통한 읽기 능력 향상

`정보 파악` `논리적 사고` `문제 해결`

교육부 읽기 영역 성취 기준에 따라 정보 이해력, 논리력, 문제 해결력, 추론 능력 등을 평가하여, 내신 및 수능 독해 평가에 대비

⊙ 편리한 접근성
- PC/태블릿/스마트폰 등으로 언제 어디서나 원하는 날짜와 시간에 응시
- 학생 응시 완료 후 성적 결과를 곧바로 확인

⊙ 정확한 실력 측정
- 응시자 실력에 따라 난이도가 결정되는 반응형 테스트
- Pre-test(어휘) 결과에 따라 응시자 수준에 적합한 영역별 문항 출제

⊙ 상세한 성적표
- 한국 교육과정 기준의 객관적 지표로 영역별 실력 진단
- 내신·수능 대비에 최적화한 맞춤형 학습 처방 제공

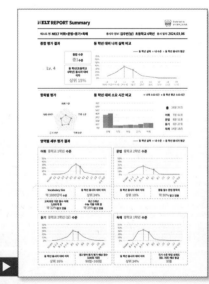

NELT 요약 성적표 예시 ▶

시험 구성

⊙ 시험 종류

※ Pre-test(어휘) 제외

구분	테스트 영역	문항 수 / 제한시간
종합 테스트	NELT 어휘+문법+듣기+독해	68문항 / 65분
선택형 테스트	NELT 어휘+문법	40문항 / 26분

⊙ 영역별 세부 구성

※ Pre-test(어휘) 결과에 따라 영역별 응시 문항 난이도가 결정됨

구분	Pre-test (어휘)	어휘	문법	듣기	독해
평가 내용	어휘의 철자와 의미를 안다.	문맥 속에서 어휘의 다양한 의미와 쓰임을 이해하고 사용할 수 있다.	어법의 올바른 쓰임을 알고 활용할 수 있다.	대화나 담화를 듣고 내용을 적절히 파악하고 이해할 수 있다.	글을 읽고 글의 주제와 세부 사항, 논리적 흐름을 파악하고 이해할 수 있다.
평가 유형	단어 의미 이해하기	– 단어 이해하고 문맥에서 활용하기 – 상관 관계 파악하기 – 다의어 이해하기 – 알맞은 단어 사용하기	– 어법성 판단하기 – 어법에 맞게 사용하기	– 대의 파악하기 – 세부 사항 파악하기 – 추론하기 – 적절한 표현 고르기	– 대의 파악하기 – 세부 사항 파악하기 – 추론하기 – 논리적 관계 파악하기
답안 유형	객관식	객관식+주관식	객관식+주관식	객관식	객관식
문항 수	30~40문항	20문항	20문항	12문항	16문항
제한시간 /평균 소요시간	10분/4분	10분/7분	16분/11분	14분/9분	25분/13분

⊙ 레벨 구성

레벨	1	2	3	4	5	6	7	8	9
학년	Kinder~초2	초3~초4	초5~초6	중1	중2	중3	고1	고2	고3
난이도	유치 ~초등 기초	초등 기본	초등 심화	중등 기초	중등 기본	중등 심화	고등 기초	고등 기본	수능 실전

NELT 고득점을 위한 이 책의 사용법

① 실전 모의고사 응시

NELT 문법 영역에서 출제 가능성이 있는 모의고사 문제를 풀고 실력을 점검할 수 있습니다.

② 문법 출제 포인트 확인

문항별 출제 포인트를 확인하며 취약한 부분을 점검해 보세요. 반복되는 학년별 주요 문법 사항을 정확히 알고 있는지 확인할 수 있습니다.

서술형 문항

실제 NELT 시험과 동일한 유형의 서술형 문항을 통해 NELT의 서술형 문항에 대비할 수 있어요.

이해도 체크

문항별 출제 포인트에 대한 이해도를 O/X/△로 표시하며 스스로 점검할 수 있어요.

각 문항별 문법 포인트와 자세한 설명을
수록하여 문제의 핵심을 쉽게 파악할 수 있는
STUDY BOOK이 제공됩니다. 자세한 문법
설명을 통해 해당 문법 포인트를 한 번 더
집중적으로 학습하는데 활용해 보세요.

복습 모의고사 2회를 풀면서 각 문항의 정답을
꼼꼼하게 살펴보세요. 학년별 주요 문법 사항을
통합적으로 정리할 수 있습니다.

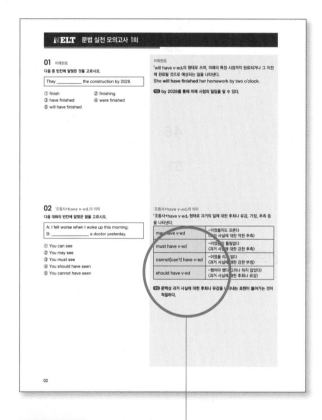

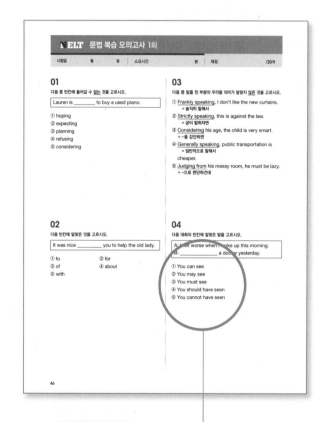

문법 포인트

문제에서 다룬 문법 포인트를 키워드로 제시한 후
자세한 설명을 제공합니다. 문법 사항에 대한 추가
학습을 통해 해당 문법을 자세히 이해할 수 있어요.

복습 모의고사

실전 모의고사 문항 중 핵심 문항으로 선별된
복습 모의고사를 통해 학년별로 출제 가능성이 높은
문항을 복습할 수 있어요.

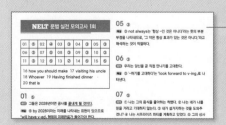

정답 및 해설 활용

모든 문항에 대한 해석, 해설을 통해 혼자서도 충분히 학습할 수 있어요.
친절한 해설을 통해 정답을 찾는 방법을 학습할 수 있습니다.

CONTENTS

책속책ㅣSTUDY BOOK (문항별 문법 포인트 정리)

"

Success is the sum of

small efforts,

repeated day in and day out.

"

NELT

Neungyule English Level Test

문법 실전 모의고사

01

다음 중 빈칸에 알맞은 것을 고르시오.

> They _____ the construction by 2028.

① finish
② finishing
③ have finished
④ were finished
⑤ will have finished

02

다음 대화의 빈칸에 알맞은 말을 고르시오.

> A: I felt worse when I woke up this morning.
> B: _____ a doctor yesterday.

① You can see
② You may see
③ You must see
④ You should have seen
⑤ You cannot have seen

03

다음 중 보기 의 밑줄 친 부분과 쓰임이 다른 것을 고르시오.

> 보기 When I was young, I worked at the library.

① Come down to the hall when I call you.
② When I see her again, I will ask her name.
③ June 3 is the date when my son was born.
④ Lily feels nervous when she is in a dark place.
⑤ Please call me when you arrive at the station.

04

다음 두 문장을 한 문장으로 만든 것으로 알맞은 것을 고르시오.

> Do you know? + How did he escape from jail?

① Do you know he escaped from jail?
② Do you know did he escape from jail?
③ Do you know how he escaped from jail?
④ Do you know how did he escape from jail?
⑤ Do you know whether he escaped from jail?

05

다음 중 문장의 해석으로 옳지 <u>않은</u> 것을 고르시오.

① None of them have experience in this field.
   → 그들 중 누구도 이 분야에 경험이 없다.
② It was due to the rain that the party was canceled.
   → 파티가 취소된 것은 바로 비 때문이었다.
③ The medicine does not always work well.
   → 그 약은 항상 효과가 없다.
④ Neither of us had a key, so we waited outside.
   → 우리 중 아무도 열쇠가 없어서 우리는 밖에서 기다렸다.
⑤ It was in New Orleans that jazz music first appeared.
   → 재즈 음악이 처음 등장한 것은 바로 뉴올리언스에서였다.

06

다음 중 빈칸에 알맞은 것을 고르시오.

> We look forward to _____ you in person soon.

① meet
② met
③ meeting
④ have met
⑤ to meeting

07

다음 중 빈칸에 to를 쓸 수 <u>없는</u> 것을 고르시오.

① I pretended _____ like his food.
② I don't expect you _____ believe me.
③ Would you help me _____ do the dishes?
④ I was planning _____ have a surprise party.
⑤ His boss made him _____ meet the deadline.

08

다음 두 문장을 한 문장으로 만들 때 빈칸에 들어갈 말을 고르시오.

> I didn't have dinner. + That's why I'm hungry now.
> → If I had had dinner, _____.

① I am not hungry now
② I won't be hungry now
③ I wouldn't be hungry now
④ I wouldn't had been hungry now
⑤ I wouldn't have been hungry now

09

다음 능동태 문장을 수동태로 바꾼 것 중 어법상 <u>틀린</u> 것을 고르시오.

① I saw her cross the road.
   → She was seen to cross the road by me.
② She is knitting a sweater for the baby.
   → A sweater is being knitted for the baby.
③ They made the robot walk and dance.
   → The robot was made walk and dance by them.
④ Many students look up to Professor Grey.
   → Professor Grey is looked up to by many students.
⑤ Westerners believe that Friday the 13th is unlucky.
   → Friday the 13th is believed to be unlucky by Westerners.

10

다음 중 어법상 <u>틀린</u> 것을 고르시오.

① To tell the truth, I don't like Jack.
② The love story makes people cry.
③ Have you ever heard Jason to sing?
④ I got my friends to come to my home.
⑤ Needless to say, Nari is my best friend.

11

다음 빈칸에 들어갈 말이 바르게 짝지어진 것을 고르시오.

- Josh finished his meal as quickly as _____.
- _____ other child in this class is taller than James.

① can – No   ② soon – All
③ possible – No   ④ possible – All
⑤ soon – Any

12

다음 중 밑줄 친 부분의 쓰임이 나머지와 <u>다른</u> 것을 고르시오.

① I'm not certain <u>if</u> she is single.
② He didn't know <u>if</u> there was a meeting.
③ I don't care <u>if</u> the weather is good or not.
④ I'm not sure <u>if</u> he is from America or not.
⑤ Join our club <u>if</u> you want to learn Russian.

13

다음 중 밑줄 친 부분이 어법상 틀린 것을 고르시오.

① Being a vegetarian is not easy.
② My father is a lawyer, and so do I.
③ Part of this painting was damaged in a fire.
④ Twenty percent of the employees suffer from neck pain.
⑤ Never did I imagine winning the Best Actor award.

14

다음 중 보기 의 밑줄 친 부분과 쓰임이 같은 것을 고르시오.

> 보기 Mr. Clay may be in his office now.

① May I use the phone?
② You may go home if you want to.
③ You may eat ice cream after dinner.
④ Excuse me, may I join you for a moment?
⑤ I have a meeting. I may be late this evening.

15

다음 우리말과 일치하도록 빈칸에 알맞은 것을 고르시오.

> 네가 아무리 바쁘더라도 제대로 챙겨 먹어야 한다.
>
> → _____ busy you are, you should eat properly.

① How
② Whatever
③ Wherever
④ No matter when
⑤ However

16

다음 두 문장이 같은 뜻이 되도록 주어진 단어를 활용하여 빈칸에 알맞은 말을 쓰시오. (4단어로 쓸 것)

> I will tell you how to make a paper boat.
> (you, should)
> = I will tell you _____ a paper boat.

정답 _____

17

다음 두 문장이 같은 뜻이 되도록 빈칸에 알맞은 말을 쓰시오. (3단어로 쓸 것)

My son remembers that he visited his uncle a few years ago.
= My son remembers _____ _____ a few years ago.

정답 _____

18

다음 빈칸에 들어갈 알맞은 복합관계대명사를 보기 에서 골라 쓰시오.

보기 Whoever   Whichever   Whatever

정답 _____ gets the highest score will win the prize.

19

다음 주어진 문장을 분사구문으로 바꿔 쓰시오. (3단어로 쓸 것)

After he had finished dinner, he took a shower.

정답 _____, he took a shower.

20

다음 문장에서 생략할 수 있는 부분을 찾아 쓰시오. (2단어로 쓸 것)

This is our classic dessert that is made with cream, milk, sugar, and vanilla.

정답 _____

NELT
문항별 출제 포인트 *Point*

	문법 실전 모의고사 1회	O/X/△
1	미래완료를 알맞게 쓸 수 있는가?	O/X/△
2	「조동사+have v-ed」의 다양한 의미를 이해하고 있는가?	O/X/△
3	종속접속사 when과 관계부사 when을 구분할 수 있는가?	O/X/△
4	간접의문문을 알맞은 형태로 쓸 수 있는가?	O/X/△
5	전체 부정과 부분 부정, 「It is[was] ~ that ...」 강조 구문을 이해하고 있는가?	O/X/△
6	다양한 동명사의 관용 표현을 파악하고 있는가?	O/X/△
7	to부정사를 목적어로 취하는 동사와 원형부정사를 목적격보어로 취하는 동사를 파악하고 있는가?	O/X/△
8	혼합가정법을 어법에 맞게 쓸 수 있는가?	O/X/△
9	수동태의 여러 형태를 파악하고 있는가?	O/X/△
10	다양한 독립부정사의 의미와 사역동사와 지각동사의 목적격보어를 이해하고 있는가?	O/X/△
11	원급 비교 표현과 원급과 비교급을 이용한 최상급 표현을 알맞게 쓸 수 있는가?	O/X/△
12	종속접속사 if의 쓰임을 구분할 수 있는가?	O/X/△
13	주어와 동사의 수 일치와 도치 구문의 형태를 파악하고 있는가?	O/X/△
14	조동사 may의 의미를 구분할 수 있는가?	O/X/△
15	복합관계부사를 알맞게 쓸 수 있는가?	O/X/△
16	「의문사+to부정사」를 「의문사+주어+should[can]+동사원형」으로 바꿔 쓸 수 있는가?	O/X/△
17	목적어의 형태에 따라 의미가 달라지는 동사를 파악하고 있는가?	O/X/△
18	복합관계대명사의 의미를 이해하고 있는가?	O/X/△
19	완료분사구문을 알맞게 쓸 수 있는가?	O/X/△
20	관계대명사가 생략되는 경우를 파악하고 있는가?	O/X/△

| 시험일 | 월 | 일 | 소요시간 | 분 | 채점 | /20개 |

01

다음 중 빈칸에 알맞은 것을 고르시오.

Some people want to read comic books and _____ want to play chess.

① one
② other
③ others
④ another
⑤ the other

02

다음 빈칸에 들어갈 말이 바르게 짝지어진 것을 고르시오.

- I _____ just finished my dinner when he visited me.
- Some money was sent _____ me by my parents.

① had – for
② have – to
③ had – to
④ have – for
⑤ had – of

03

다음 빈칸에 들어갈 말이 나머지와 다른 것을 고르시오.

① It was kind _____ her to help me.
② It is hard _____ me to understand him.
③ It was impolite _____ you to refuse her offer.
④ It was brave _____ you to catch the thief.
⑤ It was careless _____ him to lose his bag again.

04

다음 중 빈칸에 들어갈 수 없는 것을 고르시오.

Lauren is _____ to buy a used piano.

① hoping
② expecting
③ planning
④ refusing
⑤ considering

05

다음 빈칸에 들어갈 말이 바르게 짝지어진 것을 고르시오.

- I can't find anything with this _____ map!
- Yumi eats too much when she is _____.

① confuse – depress
② confusing – depressing
③ confusing – depressed
④ confused – depressing
⑤ confused – depressed

06

다음 중 어법상 틀린 것을 고르시오.

① I called Brian, who didn't answer the phone.
② I went to Hawaii, which I first met Mr. Green.
③ Whoever wants my old camera can take it.
④ I will be happy whoever wins the race.
⑤ He posted some poems, which made him popular.

07

다음 빈칸에 들어갈 말이 바르게 짝지어진 것을 고르시오.

- Joyce makes her children _____ to bed before 10 p.m.
- Mr. Cha had his child _____ a book before going to bed.

① go – read
② goes – to read
③ to go – reading
④ going – have read
⑤ went – to reading

08

다음 중 어법상 틀린 것을 고르시오.

① Both Henry and Sue enjoy swimming.
② He plays the violin as well as the piano.
③ Neither my mother or my father is at home.
④ Not only I but also my sister likes cooking.
⑤ We will play baseball either on Saturday or on Sunday.

09

다음 중 **보기**의 밑줄 친 부분과 쓰임이 같은 것을 고르시오.

> **보기** The teacher enjoys telling funny stories to us.

① Look at those shining stars!
② They liked the baby's smiling face.
③ He is wrapping a present for his son.
④ You should consider changing your job.
⑤ Please cover that sleeping boy with this blanket.

10

다음 빈칸에 들어갈 말로 알맞지 <u>않은</u> 것을 고르시오.

> The actor was _____ more handsome than I had imagined.

① much
② even
③ a lot
④ far
⑤ a lot of

11

다음 우리말과 일치하도록 빈칸에 알맞은 것을 고르시오.

> 나는 평일에는 거의 아침을 먹지 않는다.
> → Rarely _____ I eat breakfast on weekdays.

① do
② does
③ did
④ have done
⑤ had done

12

다음 중 **보기**의 밑줄 친 부분과 쓰임이 같은 것을 고르시오.

> **보기** I found that my watch was broken.

① This is the café that my favorite singer owns.
② It was unexpected that we lost the game.
③ The old dog that is lying on the carpet is sick.
④ Have you read the book that I recommended?
⑤ One of the subjects that Paul Cézanne painted the most was fruit.

13

다음 빈칸에 들어갈 말이 나머지와 <u>다른</u> 것을 고르시오.

① This glass is made _____ crystal.

② She was yelled at _____ her father.

③ The church was destroyed _____ the storm.

④ Her wedding dress was made _____ her mother.

⑤ Classical music was being played _____ an orchestra.

14

다음 문장을 분사구문으로 바르게 옮긴 것을 고르시오.

As it was windy outside, we decided to stay home.

① Windy outside, we decided to stay home.

② Being windy outside, we decided to stay home.

③ Having windy outside, we decided to stay home.

④ It being windy outside, we decided to stay home.

⑤ Having been windy outside, we decided to stay home.

15

다음 중 어법상 <u>틀린</u> 것의 개수를 고르시오.

a. Every seat in the concert hall was taken.
b. Fifteen dollars was my weekly allowance.
c. He proved light travels faster than sound.
d. All the T-shirts are in the washing machine.

① 0개　　② 1개　　③ 2개　　④ 3개　　⑤ 4개

16

다음 우리말과 일치하도록 주어진 말을 활용하여 문장을 완성하시오.

당신의 개가 밤 늦게 짓는 것을 막아주세요.
(keep, your dog, bark)

정답 Please _____

_____ late at night.

17

다음 우리말과 일치하도록 주어진 단어를 바르게 배열하시오.

> 그 작은 개는 구조대에 의해 돌보아질 것이다.
> (will, taken, of, by, be, care, the rescue team)

정답 The little dog _____

_____ .

18

다음 주어진 문장을 가정법으로 바꿔 쓰시오. (3단어로 쓸 것)

> As you live far away, I can't see you every day.

정답 If you _____ far

away, I could see you every day.

19

다음 우리말과 일치하도록 주어진 단어를 바르게 배열하시오.

> 우리들 중 아무도 올해 새 스마트폰을 사지 않았다.
> (of, a new smartphone, none, us, bought)

정답 _____

_____ this year.

20

다음 문장을 간접화법으로 바꿀 때, 밑줄 친 부분을 바르게 고쳐 쓰시오.

> The doctor said to her, "You will get better soon."
>
> → The doctor told her that she <u>will get better</u> soon.

정답 _____

NELT
문항별 출제 포인트 *Point*

문법 실전 모의고사 **2회**	O/X/△
1 부정대명사 구문을 알맞게 쓸 수 있는가?	O/X/△
2 과거완료의 쓰임을 이해하고 4형식 문장의 수동태를 어법에 맞게 쓸 수 있는가?	O/X/△
3 to부정사의 의미상의 주어를 알맞게 쓸 수 있는가?	O/X/△
4 동명사와 to부정사를 목적어로 취하는 동사를 파악하고 있는가?	O/X/△
5 감정을 나타내는 분사의 쓰임을 구분할 수 있는가?	O/X/△
6 복합관계대명사 및 관계대명사와 관계부사의 계속적 용법을 파악하고 있는가?	O/X/△
7 사역동사의 목적격보어 형태를 파악하고 있는가?	O/X/△
8 상관접속사를 어법에 맞게 쓸 수 있는가?	O/X/△
9 동명사와 현재분사를 구분할 수 있는가?	O/X/△
10 비교급을 강조하는 부사를 파악하고 있는가?	O/X/△
11 부정어가 포함된 문장의 도치 구문을 알맞게 쓸 수 있는가?	O/X/△
12 종속접속사 that과 관계대명사 that을 구분할 수 있는가?	O/X/△
13 by 이외의 전치사를 쓰는 수동태를 파악하고 있는가?	O/X/△
14 독립분사구문을 이해하고 있는가?	O/X/△
15 주어와 동사의 수 일치와 시제 일치의 예외를 이해하고 있는가?	O/X/△
16 동명사의 관용 표현을 알맞게 쓸 수 있는가?	O/X/△
17 동사구가 포함된 문장을 수동태로 알맞게 전환할 수 있는가?	O/X/△
18 가정법 과거 문장을 알맞은 형태로 쓸 수 있는가?	O/X/△
19 전체 부정의 의미를 이해하고 알맞게 쓸 수 있는가?	O/X/△
20 직접화법을 간접화법으로 전환할 수 있는가?	O/X/△

01

다음 중 **보기**의 밑줄 친 부분과 쓰임이 같은 것을 고르시오.

> **보기** Everyone needs to bring a pair of <u>running</u> shoes.

① I burned my finger with <u>boiling</u> water.
② That girl <u>wearing</u> a pink skirt is my sister.
③ The man <u>standing</u> in front of me looks tired.
④ A glass of hot milk is better than a <u>sleeping</u> pill.
⑤ People <u>living</u> near the factory complained about the noise.

02

다음 중 어법상 **틀린** 것을 고르시오.

① I liked watching Korean dramas.
② She had difficulty to understand the book.
③ They spent a lot of time studying Korean.
④ He is used to watching the movie without subtitles.
⑤ You are good at speaking Chinese.

03

다음 중 **보기**의 밑줄 친 부분과 쓰임이 같은 것을 고르시오.

> **보기** My parents <u>have been married</u> for 15 years.

① We <u>have heard</u> this story before.
② I <u>have</u> just <u>arrived</u> at the airport.
③ They <u>have gone</u> to Africa to do research.
④ <u>Have</u> you ever <u>read</u> the book *Mockingjay*?
⑤ She <u>has suffered</u> from a toothache since last Monday.

04

다음 능동태 문장을 수동태로 바꿀 때 빈칸에 들어갈 알맞은 말을 고르시오.

> You must keep this out of the sunlight.
>
> → This _____ out of the sunlight.

① must keep
② must be keep
③ must be kept
④ be must kept
⑤ must is kept

05

다음 짝지어진 두 문장의 의미가 서로 <u>다른</u> 것을 고르시오.

① Ava didn't know how to raise parrots.

= Ava didn't know how she should raise parrots.

② He told me what to do in an emergency situation.

= He told me what I should not do in an emergency situation.

③ I asked how to apologize to her.

= I asked how I should apologize to her.

④ He hasn't decided where to go next.

= He hasn't decided where he should go next.

⑤ Please let me know when to hand in my research report.

= Please let me know when I should hand in my research report.

06

다음 중 보기의 밑줄 친 부분과 의미가 같은 것을 고르시오.

> 보기 <u>Feeling hungry</u>, he decided to order some pizza.

① Although he felt hungry

② If he felt hungry

③ Since he felt hungry

④ Though he felt hungry

⑤ Unless he felt hungry

07

다음 빈칸에 공통으로 들어갈 말을 고르시오.

> • You are the only person _____ understands me.
>
> • Can you believe _____ he is 90 years old?

① what   ② who

③ which   ④ that

⑤ whether

08

다음 중 빈칸에 알맞은 것을 고르시오.

> If I were you, I _____ that dress.

① buy   ② will buy

③ would buy   ④ am buying

⑤ had bought

09

다음 각 네모 안에서 어법상 알맞은 것끼리 바르게 짝지어진 것을 고르시오.

- I would / would rather leave now than wait until tomorrow.
- He has / will have been in the hospital for six months by next week.
- There used to / would be a swimming pool for the children.

① would – has – used to
② would – will have – used to
③ would rather – will have – used to
④ would rather – has – would
⑤ would rather – will have – would

10

다음 중 문장의 의미가 나머지와 <u>다른</u> 것을 고르시오.

① Nothing is as important as your health.
② Your health is the most important thing.
③ Nothing is more important than your health.
④ Your health is as important as any other thing.
⑤ Your health is more important than any other thing.

11

다음 빈칸에 들어갈 말이 바르게 짝지어진 것을 고르시오.

- Hot chocolate sells well _____ the winter.
- I was in a bad mood _____ my husband forgot my birthday.

① during – because of
② while – because
③ when – because of
④ while – because of
⑤ during – because

12

다음 중 어법상 <u>틀린</u> 것을 고르시오.

① 2022 is the year when my son was born.
② Can you tell me the reason why you are late?
③ This is the place where you can see wild goats.
④ I remember the day my daughter walked for the first time.
⑤ Jason showed people the way how he solved the problem.

13

다음 중 밑줄 친 부분이 어법상 틀린 것을 고르시오.

① I have lived in England since I was 15.
② I graduated from the London International School.
③ I have learned English and Spanish when I was in school.
④ I'm studying engineering in college now.
⑤ I will have finished my master's degree by 2025.

14

다음 중 밑줄 친 부분의 쓰임이 나머지와 다른 것을 고르시오.

① It was roses that my boss sent his wife.
② It was Frida that painted the walls white.
③ It is important that you arrive here on time.
④ It was last month that James moved to this town.
⑤ It is cats and dogs that are the most popular pets.

15

다음 우리말과 일치하도록 빈칸에 알맞은 것을 고르시오.

너는 눈을 비비는 것뿐만 아니라, 콘택트렌즈를 착용하는 것도 피해야 한다.

→ You should avoid not only rubbing your eyes but also _____ contact lenses.

① wear
② wore
③ wearing
④ to wear
⑤ to wearing

16

다음 능동태 문장을 수동태로 바꿔 쓰시오. (6단어로 쓸 것)

Mike bought Sue a special gift.

정답 A special gift _____

_____.

17

다음 두 문장이 같은 뜻이 되도록 주어진 단어를 활용하여 빈칸에 알맞은 말을 쓰시오. (6단어로 쓸 것)

July is the hottest month in Vietnam.
(other, than)
= No _____
_____ in Vietnam.

정답 _____

18

다음 주어진 문장을 분사구문으로 바꿀 때 빈칸에 들어갈 말을 쓰시오. (5단어로 쓸 것)

Because we didn't want to be late, we ran to the bus stop.
→ _____,
we ran to the bus stop.

정답 _____

19

주어진 단어를 활용하여 빈칸에 알맞은 말을 쓰시오.

My grandfather came home with his hat
_____ with snow. (cover)

정답 _____

20

다음 우리말과 일치하도록 주어진 단어를 바르게 배열하시오.

나는 Brian이 내게 말한 것을 정말 믿는다.
(told, I, believe, Brian, what, me, do)

정답 _____

_____

	문법 실전 모의고사 **3회**	O / X / △
1	동명사와 현재분사를 구분할 수 있는가?	O / X / △
2	동사에 따른 목적어의 형태, 동명사의 관용 표현 및 동명사의 쓰임과 역할을 파악하고 있는가?	O / X / △
3	다양한 현재완료의 용법을 구분할 수 있는가?	O / X / △
4	조동사가 포함된 수동태 구문을 알맞게 쓸 수 있는가?	O / X / △
5	「의문사+to부정사」의 쓰임을 이해하고 있는가?	O / X / △
6	분사구문의 다양한 의미를 파악하고 있는가?	O / X / △
7	종속접속사 that과 관계대명사 that의 쓰임을 이해하고 있는가?	O / X / △
8	가정법 과거를 알맞은 형태로 쓸 수 있는가?	O / X / △
9	다양한 조동사의 의미를 파악하고 미래완료를 어법에 맞게 쓸 수 있는가?	O / X / △
10	원급과 비교급을 이용한 최상급 표현을 이해하고 있는가?	O / X / △
11	접속사와 전치사의 쓰임을 구분할 수 있는가?	O / X / △
12	관계부사의 종류와 특성을 이해하고 있는가?	O / X / △
13	문장의 시제를 알맞게 쓸 수 있는가?	O / X / △
14	「It is[was] ~ that …」 강조 구문을 이해하고 있는가?	O / X / △
15	상관접속사가 쓰인 병렬 구문을 이해하고 있는가?	O / X / △
16	4형식 문장의 수동태를 알맞게 쓸 수 있는가?	O / X / △
17	비교급을 이용한 최상급 표현을 알맞게 쓸 수 있는가?	O / X / △
18	분사구문의 부정형을 알맞은 형태로 쓸 수 있는가?	O / X / △
19	「with+목적어+분사」 구문을 알맞게 쓸 수 있는가?	O / X / △
20	조동사 do를 사용한 강조 구문과 관계대명사 what이 포함된 구문을 알맞게 쓸 수 있는가?	O / X / △

01

다음 빈칸에 들어갈 말이 바르게 짝지어진 것을 고르시오.

> • They were seen _____ in the street.
> • I was made _____ the yard by my mom.

① fight – clean
② fought – to clean
③ fought – cleaning
④ fighting – clean
⑤ fighting – to clean

02

다음 중 빈칸에 알맞은 것을 고르시오.

> His girlfriend is _____ older than him.

① the   ② more
③ much   ④ very
⑤ little

03

다음 빈칸에 들어갈 말이 나머지와 <u>다른</u> 것을 고르시오.

① This is the park _____ they took their pictures.
② He walked into the room _____ the reporters were waiting.
③ The investigator found the place _____ the fire started.
④ I work at a factory _____ thousands of people work.
⑤ He remembered the moment _____ lightning hit the boat.

04

다음 중 빈칸에 알맞은 것을 고르시오.

> My father bought two umbrellas: one was for me and _____ was for my brother.

① other   ② others
③ another   ④ the other
⑤ the others

05

다음 중 어법상 옳은 것끼리 바르게 짝지어진 것을 고르시오.

> a. Lift your legs as high as you can.
> b. The new theater is three times bigger than the old one.
> c. Who are those kids run on the playground?
> d. Found a place to stay, we looked for a place to eat.

① a, b   ② a, c
③ b, c   ④ b, d
⑤ c, d

06

다음 중 빈칸에 알맞은 것을 고르시오.

> Both Kate and I _____ wearing blue jeans.

① am   ② is
③ are   ④ was
⑤ be

07

다음 중 밑줄 친 부분의 우리말 의미가 알맞지 <u>않은</u> 것을 고르시오.

① <u>Frankly speaking</u>, I don't like the new curtains.
 = 솔직히 말해서
② <u>Strictly speaking</u>, this is against the law.
 = 굳이 말하자면
③ <u>Considering</u> his age, the child is very smart.
 = ~을 고려하면
④ <u>Generally speaking</u>, public transportation is
 = 일반적으로 말해서
cheaper.
⑤ <u>Judging from</u> his messy room, he must be lazy.
 = ~으로 판단하건대

08

다음 빈칸에 들어갈 말이 바르게 짝지어진 것을 고르시오.

> • Please enjoy the food _____ for the guests.
> • Mr. Lue is said _____ the best composer of this generation.

① prepare – to be
② prepared – being
③ preparing – being
④ prepared – to be
⑤ preparing – be

09

다음 우리말을 영어로 바르게 옮기지 <u>않은</u> 것을 고르시오.

① 나는 아침식사로 빵을 먹는 것에 익숙하지 않다.
   → I'm not used to eat bread for breakfast.
② 나는 의사가 된 것을 후회해 본 적이 없다.
   → I have never regretted becoming a doctor.
③ 나는 지역 농장에서 나는 채소를 구입하려고 노력 중이다.
   → I'm trying to buy vegetables from local farms.
④ 그는 지난해에 알프스 산을 본 것을 기억한다.
   → He remembers seeing the Alps last year.
⑤ 내일 책 반납해야 할 것을 잊지 마.
   → Don't forget to return the book tomorrow.

10

다음 중 밑줄 친 부분의 쓰임이 나머지와 <u>다른</u> 것을 고르시오.

① I <u>have</u> never <u>traveled</u> abroad.
② <u>Have</u> you ever <u>eaten</u> roast turkey?
③ David <u>has gone</u> to New York to study music.
④ They <u>have been</u> to the amusement park before.
⑤ I <u>have seen</u> a rainbow once.

11

다음 빈칸에 들어갈 말이 바르게 짝지어진 것을 고르시오.

• If I _____ busy, I could have attended the ceremony.
• The man _____ is sitting in the dark is Mr. Morris.

① had not been – whom
② weren't – which
③ had not been – that
④ weren't – that
⑤ have not been – which

12

다음 중 밑줄 친 부분의 쓰임이 나머지와 <u>다른</u> 것을 고르시오.

① Would you mind <u>waiting</u> for a while?
② I saw Jenny <u>waiting</u> outside the door.
③ The kid sat down <u>waiting</u> patiently for the next bus.
④ Please make sure the people <u>waiting</u> in line have their tickets.
⑤ The interviewees <u>waiting</u> for their turn looked nervous.

13

다음 중 빈칸에 알맞은 것을 고르시오.

> This site _____ to a new server.

① moves ② is being moving
③ has moved ④ has been moved
⑤ is been moved

14

다음 중 빈칸에 들어갈 수 <u>없는</u> 것을 고르시오.

> Can I ask _____ ?

① who is he
② if the rumor is true
③ when her birthday is
④ where the post office is
⑤ whether she will come here

15

다음 우리말을 영어로 바르게 옮긴 것을 고르시오.

> 그가 그 뮤직비디오를 봤을 리가 없다.

① He should not have watched the music video.
② He must have watched the music video.
③ He may not have watched the music video.
④ He cannot have watched the music video.
⑤ He had better not watch the music video.

16

다음 우리말과 일치하도록 주어진 단어를 활용하여 문장을 완성하시오.

> 우선, 나는 그 색상이 마음에 들지 않는다. (begin)

정답 _____, I don't like the color.

17

다음 우리말과 일치하도록 주어진 단어를 바르게 배열하시오.

> 그의 꿈을 실현시켰던 것은 바로 노래에 대한 그의 사랑이었다.
> (was, come true, that, made, it, his dream, his
> love for singing)

정답 _____

_____

18

다음 우리말과 일치하도록 주어진 단어를 활용하여 문장을 완성하시오.

> 나의 남편은 우리의 새 집에 만족하지 않았고, 나 또한 그렇지 않았다. (neither)

정답 My husband wasn't satisfied with our new

house, and _____.

19

다음 문장에서 생략할 수 있는 부분을 찾아 쓰시오. (2단어로 쓸 것)

> Kyoto is the place where I learned about
> Japanese culture.

정답 _____

20

다음 우리말과 일치하도록 괄호 안에서 알맞은 말을 골라 쓰시오.

> 너는 차가 있다면 네가 원하는 곳은 어디든지 갈 수 있다.
> You can go (where / wherever) you want if you
> have a car.

정답 _____

	문법 실전 모의고사 4회	O / X / △
1	지각동사와 사역동사의 수동태를 어법에 맞게 쓸 수 있는가?	O / X / △
2	비교급 강조 부사를 파악하고 있는가?	O / X / △
3	관계부사의 종류를 구분할 수 있는가?	O / X / △
4	부정대명사 구문을 알맞게 쓸 수 있는가?	O / X / △
5	원급 비교 표현, 현재분사의 쓰임 및 분사구문의 형태를 이해하고 있는가?	O / X / △
6	상관접속사가 쓰인 문장의 수 일치를 할 수 있는가?	O / X / △
7	비인칭 독립분사구문의 의미를 파악하고 있는가?	O / X / △
8	현재분사와 과거분사의 쓰임을 구분하고 목적어가 that절인 문장의 수동태를 파악하고 있는가?	O / X / △
9	동명사의 관용 표현, 목적어의 형태에 따라 의미가 달라지는 동사를 알맞게 쓸 수 있는가?	O / X / △
10	현재완료의 용법을 구분할 수 있는가?	O / X / △
11	가정법 과거완료의 쓰임과 관계대명사의 종류를 파악하고 있는가?	O / X / △
12	동명사와 현재분사를 구분할 수 있는가?	O / X / △
13	완료형 수동태를 알맞게 쓸 수 있는가?	O / X / △
14	간접의문문의 형태를 파악하고 있는가?	O / X / △
15	「조동사+have v-ed」의 의미를 구분할 수 있는가?	O / X / △
16	독립부정사 구문을 알맞게 쓸 수 있는가?	O / X / △
17	「It is[was] ~ that ...」 강조 구문을 알맞게 쓸 수 있는가?	O / X / △
18	neither가 사용된 도치 구문을 어법에 맞게 쓸 수 있는가?	O / X / △
19	관계부사의 특성을 이해하고 있는가?	O / X / △
20	복합관계부사의 의미를 파악하고 있는가?	O / X / △

01

다음 빈칸에 공통으로 들어갈 말을 고르시오.

> • The number of birds _____ declining in many cities.
> • I learned that water _____ composed of hydrogen and oxygen.

① be ② is
③ are ④ was
⑤ will be

02

다음 문장을 수동태로 고친 것 중 어법상 <u>틀린</u> 것을 고르시오.

① People believe that the rumor is true.
  → It is believed that the rumor is true.
② Mr. Lee has investigated the case.
  → The case has been investigated by Mr. Lee.
③ The waiter is serving the customers.
  → The customers are being served by the waiter.
④ The detective saw a man throw away a bag.
  → A man was seen to throw away a bag by the detective.
⑤ People say that she is the best writer of the 20th century.
  → She is said be the best writer of the 20th century.

03

다음 우리말과 일치하도록 빈칸에 알맞은 것을 고르시오.

> 피아노를 치지 않는 게 좋겠어. 늦었잖니.
> → You _____ play the piano. It's late.

① would not ② don't have to
③ may not ④ had better not
⑤ used not to

04

다음 우리말을 영어로 바르게 옮긴 것을 고르시오.

> 네가 그녀에게 말하지 않으면, 그녀는 절대 진실을 알 수 없을 거야.

① She will never know the truth if you tell her.
② She will never know the truth if you tell her not.
③ She will never know the truth unless you don't tell her.
④ She will never know the truth if you don't tell her.
⑤ She will never know the truth even if you tell her.

05

다음 중 밑줄 친 부분의 쓰임이 나머지와 다른 것을 고르시오.

① It was surprising that she became a writer.

② That he is only 20 years old is unbelievable.

③ It is the only song that he made in the 1980s.

④ Isn't it amazing that apes can use tools like us?

⑤ It is obvious that he stole something from the safe.

06

다음 문장을 분사구문으로 바르게 옮긴 것을 고르시오.

> As the dog barked at me, I ran away.

① The dog barked at me, I ran away.

② The dog barking at me, I ran away.

③ The dog to bark at me, I ran away.

④ As barking at me, I ran away.

⑤ Being barked at me, I ran away.

07

다음 중 밑줄 친 부분을 생략할 수 있는 것을 고르시오.

① The handbag which has a gold buckle is expensive.

② He is the man whose sister is a chef.

③ You bought the same perfume that I used to wear.

④ Leo is the actor who played Romeo in the movie.

⑤ Karen is the person with whom I share my office.

08

다음 중 빈칸에 알맞은 것을 고르시오.

> The short novel _____ by an unknown author.

① write

② wrote

③ writing

④ was writing

⑤ was written

34

09

다음 중 밑줄 친 부분이 어법상 **틀린** 것을 고르시오.

① Whenever the baby cries, I don't know <u>what I should do</u>.
② Do you know <u>how to turn off</u> this machine?
③ Have you and Max decided <u>where you should meet</u>?
④ I'll tell you <u>when leave</u> home.
⑤ She doesn't know <u>what she should say</u> to him right now.

10

다음 중 빈칸에 들어갈 수 <u>없는</u> 것을 고르시오.

I _____ getting up early in the morning.

① like
② begin
③ want
④ hate
⑤ practice

11

다음 중 빈칸에 알맞은 것을 고르시오.

Ted _____ drinks nor smokes because he cares about his health.

① both
② either
③ neither
④ not only
⑤ so

12

다음 중 어법상 **틀린** 것을 고르시오.

① I found my daughter cooking spaghetti for us.
② Having not any food at home, we decided to eat out.
③ Looking out of the window, my dog started to bark.
④ After taking a shower, I drank a cup of water.
⑤ Most of the people invited to the wedding were his coworkers.

13

다음 우리말과 일치하도록 빈칸에 알맞은 것을 고르시오.

> 지난밤에 눈이 더 왔더라면, 나는 지금 스키 타러 갈 텐데.
>
> → If it had snowed more last night, I _____ skiing now.

① went
② will go
③ would go
④ would had gone
⑤ would have gone

14

다음 문장을 간접화법으로 고친 것 중 어법상 <u>틀린</u> 것을 고르시오.

① My sister said, "I will work out every day to lose weight."
   → My sister said that she would work out every day to lose weight.
② Leo said to his boss, "I can't finish the work today."
   → Leo told his boss that he couldn't finish the work that day.
③ My teacher said to us, "Don't use your cell phones in the classroom."
   → My teacher told us not to use our cell phones in the classroom.
④ I asked her, "Where is the nearest bank?"
   → I asked her where is the nearest bank.
⑤ He said to me, "Have you ever been to China?"
   → He asked me if I had ever been to China.

15

다음 우리말을 영어로 바르게 옮긴 것을 고르시오.

> 나는 그를 모르는 것처럼 행동했다.

① I act as if I didn't know him.
② I act as if I hadn't known him.
③ I acted as if I didn't know him.
④ I acted as if I hadn't known him.
⑤ I acted as if I don't known him.

16

다음 우리말과 일치하도록 주어진 단어를 활용하여 문장을 완성하시오. (7단어로 쓸 것)

> 이것은 내가 먹어본 것 중 최고의 케이크야.
> (best, have ever, tasted)
>
> → This is _____.

정답 _____

17

다음 중 <u>잘못된</u> 부분을 찾아 바르게 고쳐 쓰시오.

> Justin's new album is filled by songs about his life.

정답 _____ → _____

18

다음 우리말과 일치하도록 주어진 말을 활용하여 문장을 완성하시오. (4단어로 쓸 것)

> 나는 회의에 늦었다. 나는 더 일찍 일어났어야 했다.
> (wake up)
>
> → I was late for the meeting. I _____
> _____ earlier.

정답 _____

19

다음 우리말과 일치하도록 주어진 단어를 바르게 배열하시오.

> 우리가 더 많이 운동하면 할수록 우리는 더 건강해진다.
> (the, become, the, exercise, more, we, we, healthier)

정답 _____

_____

20

다음 밑줄 친 부분을 강조하여 문장을 다시 쓰시오.

> We watched <u>a movie about the universe</u> last night.

정답 _____

_____

NELT
문항별 출제 포인트 Point

	문법 실전 모의고사 5회	O / X / △
1	주어와 동사의 수 일치와 시제 일치의 예외를 파악하고 있는가?	O / X / △
2	수동태의 여러 가지 형태를 알맞게 쓸 수 있는가?	O / X / △
3	다양한 조동사의 부정형의 의미를 파악하고 있는가?	O / X / △
4	조건을 나타내는 종속접속사를 문맥에 맞게 쓸 수 있는가?	O / X / △
5	접속사 that과 관계대명사 that을 구분할 수 있는가?	O / X / △
6	독립분사구문을 알맞은 형태로 쓸 수 있는가?	O / X / △
7	관계대명사를 생략할 수 있는 경우를 파악하고 있는가?	O / X / △
8	3형식 문장의 수동태를 알맞게 쓸 수 있는가?	O / X / △
9	「의문사+to부정사」의 쓰임과 의미를 파악하고 있는가?	O / X / △
10	to부정사와 동명사를 목적어로 취하는 동사를 파악하고 있는가?	O / X / △
11	상관접속사 「neither A nor B」를 이해하고 있는가?	O / X / △
12	지각동사의 목적격보어와 분사구문의 형태 및 주어와 동사의 수 일치를 이해하고 있는가?	O / X / △
13	혼합가정법의 형태와 쓰임을 이해하고 있는가?	O / X / △
14	다양한 형태의 문장을 간접화법으로 바르게 전환할 수 있는가?	O / X / △
15	as if[though] 가정법을 알맞은 형태로 쓸 수 있는가?	O / X / △
16	최상급을 이용한 비교 표현을 알맞게 쓸 수 있는가?	O / X / △
17	by 이외의 전치사를 쓰는 수동태를 파악하고 있는가?	O / X / △
18	「조동사+have v-ed」의 의미를 이해하고 있는가?	O / X / △
19	비교급을 이용한 비교 표현을 알맞게 쓸 수 있는가?	O / X / △
20	「It is[was] ~ that ...」 강조 구문을 어법에 맞게 쓸 수 있는가?	O / X / △

| 시험일 | 월 | 일 | 소요시간 | 분 | 채점 | /20개 |

01

다음 중 밑줄 친 부분과 바꿔 쓸 수 <u>없는</u> 것을 고르시오.

① <u>No matter how</u> fast you run, you can't win the
 → However

race.

② <u>Whatever</u> he says, don't believe him.
 → No matter what

③ My dog follows me <u>wherever</u> I go.
 → to any place that

④ <u>No matter when</u> you need me, I'll be there for
 → Whenever

you.

⑤ Please feel free to choose <u>whichever</u> you like.
 → no matter which

02

다음 중 보기의 밑줄 친 부분과 쓰임이 같은 것을 고르시오.

보기 This is the movie <u>that</u> was filmed in my town.

① I forgot <u>that</u> I had a meeting.

② It was strange <u>that</u> Jake missed the class.

③ I hope <u>that</u> nobody gets hurt in the competition.

④ There are some websites <u>that</u> provide free
classes.

⑤ She told me <u>that</u> she couldn't come to my
birthday party.

03

다음 중 밑줄 친 부분이 어법상 <u>틀린</u> 것을 고르시오.

① These are <u>the worst</u> noodles I've ever eaten!

② No other <u>animal</u> is as large as the blue whale.

③ Nothing is <u>more important</u> than true friendship.

④ The <u>annoying</u> sounds bothered the students
during the test.

⑤ The customer complained about the product
with his arms <u>crossing</u>.

04

다음 빈칸에 공통으로 들어갈 말을 고르시오.

• The man refused _____ his name.
• I regret _____ that I can't go to the movie
tonight.

① say ② to say
③ to be said ④ saying
⑤ having said

05

다음 우리말을 영어로 바르게 옮긴 것을 고르시오.

아이스하키는 캐나다의 몬트리올에서 시작되었다고 믿어진다.

① Ice hockey began in Montreal, Canada.
② Montreal, Canada, is believed to begin ice hockey.
③ Ice hockey believed that it began in Montreal, Canada.
④ It believes that ice hockey began in Montreal, Canada.
⑤ It is believed that ice hockey began in Montreal, Canada.

06

다음 중 빈칸에 알맞은 것을 고르시오.

It was nice _____ you to help the old lady.

① to   ② for
③ of   ④ about
⑤ with

07

다음 우리말과 일치하도록 빈칸에 알맞은 것을 고르시오.

설상가상으로, 우리 팀의 최고의 선수가 발목을 삐었다.

→ _____, the best player on our team twisted her ankle.

① To be sure
② To begin with
③ To tell the truth
④ To make matters worse
⑤ To make a long story short

08

다음 중 빈칸에 알맞은 것을 고르시오.

I went to a café. But there were too many people there, _____ made me irritated.

① that   ② who
③ which   ④ where
⑤ what

09

다음 우리말을 영어로 바르게 옮긴 것을 고르시오.

그가 지시를 따랐더라면, 다치지 않았을 텐데.

① If he follows orders, he won't be injured.
② If he followed orders, he wouldn't be injured.
③ If he had followed orders, he wouldn't be injured.
④ If he had followed orders, he wouldn't have been injured.
⑤ Having he followed orders, he wouldn't have been injured.

10

다음 빈칸에 들어갈 말이 바르게 짝지어진 것을 고르시오.

- The dog was made _____ the newspaper to its owner.
- An old lady was heard _____ for help.

① bring – to scream
② bring – screaming
③ to bring – scream
④ to bring – screaming
⑤ bringing – to scream

11

다음 중 어법상 틀린 것의 개수를 고르시오.

a. The dress that I bought online didn't fit me.
b. This is the hotel which Queen Elizabeth stayed.
c. Knowing not where I was, I started to walk.
d. Using this map application, you can find your way easily.

① 0개   ② 1개   ③ 2개   ④ 3개   ⑤ 4개

12

다음 중 밑줄 친 부분의 쓰임이 나머지와 다른 것을 고르시오.

① She does look nice in that coat.
② I did see Yeon Woo and Jaden on the street.
③ He does know the truth, but he won't tell me it.
④ They do think that you will regret your decision.
⑤ My sister did the dishes while I was sleeping.

13

다음 중 문장의 해석으로 옳은 것을 고르시오.

> Not every student is satisfied with the new policy.

① 어떤 학생도 새 정책에 만족하지 않는다.
② 모든 학생이 새 정책에 만족한다.
③ 모든 학생이 새 정책에 만족하는 것은 아니다.
④ 모든 학생이 새 정책에 만족하지 않는 것은 아니다.
⑤ 학생들 중 누구도 새 정책에 만족하지 않는다.

14

다음 중 빈칸에 알맞은 것을 고르시오.

> Never _____ such a boring movie.

① I have seen
② have seen I
③ have I seen
④ I haven't seen
⑤ haven't I seen

15

다음 분사구문을 부사절로 바꾼 것 중 어법상 틀린 것을 고르시오.

① Falling asleep, she missed the TV show.
  → Since she fell asleep
② Finishing your work, you must clean your room.
  → After you finish your work
③ Feeling cold, Susan put on her coat.
  → Since she felt cold
④ Not having enough money, I can't afford a ticket.
  → Because I haven't had enough money
⑤ Calling Mark's name, Bob entered the classroom.
  → As he called Mark's name

16

다음 주어진 문장의 밑줄 친 부분을 바르게 고쳐 쓰시오. (3단어로 쓸 것)

> If Kelly tries again, she has taken her driving test three times.

정답 _____

17

다음 능동태 문장을 수동태로 바꿔 쓰시오.

My father found me sleeping on the couch.

정답 I _____

_____ by my father.

18

다음 두 문장을 주어진 단어를 활용하여 한 문장으로 나타낼 때 빈칸에 알맞은 말을 쓰시오.

Hotel A is $25 per night. + Hotel B is $75 per night.

→ Hotel B is _____ than Hotel A. (times, expensive)

정답 _____

19

다음 우리말과 일치하도록 주어진 단어를 바르게 배열하시오.

나의 코치님이 없었더라면 나는 그 메달을 받지 못했을 것이다.
(have, wouldn't, but, I, won, my coach, for)

정답 _____

_____ the medal.

20

다음 두 문장을 주어진 단어를 활용하여 한 문장으로 쓰시오.

Do you know? + Does she also like basketball?
(whether)

정답 _____

NELT
문항별 출제 포인트 *point*

	문법 실전 모의고사 **6회**	O/X/△
1	다양한 복합관계사의 종류와 쓰임을 이해하고 있는가?	O/X/△
2	종속접속사 that과 관계대명사 that를 구분할 수 있는가?	O/X/△
3	다양한 최상급 표현, 감정을 나타내는 분사, 「with+목적어+분사」 구문을 이해하고 있는가?	O/X/△
4	동명사와 to부정사를 목적어로 취하는 동사를 파악하고 있는가?	O/X/△
5	목적어가 that절인 문장의 수동태를 알맞게 쓸 수 있는가?	O/X/△
6	to부정사의 의미상의 주어를 바르게 쓸 수 있는가?	O/X/△
7	독립부정사 구문을 이해하고 있는가?	O/X/△
8	관계대명사의 계속적 용법을 이해하고 있는가?	O/X/△
9	가정법 과거완료를 알맞게 쓸 수 있는가?	O/X/△
10	지각동사와 사역동사의 수동태를 바르게 쓸 수 있는가?	O/X/△
11	관계대명사와 관계부사의 종류와 쓰임 및 분사구문의 형태를 이해하고 있는가?	O/X/△
12	do 강조 구문을 파악하고 있는가?	O/X/△
13	부분 부정 표현을 알맞게 쓸 수 있는가?	O/X/△
14	부정어 도치 구문을 바르게 쓸 수 있는가?	O/X/△
15	분사구문의 형태와 의미를 이해하고 있는가?	O/X/△
16	미래완료를 이해하고 있는가?	O/X/△
17	5형식 문장의 수동태를 알맞게 쓸 수 있는가?	O/X/△
18	비교 표현 「배수사+비교급+than」을 알맞게 쓸 수 있는가?	O/X/△
19	Without[But for] 가정법을 알맞게 쓸 수 있는가?	O/X/△
20	의문사가 없는 간접의문문을 어법에 맞게 쓸 수 있는가?	O/X/△

NELT

Neungyule English Level Test

문법 복습 모의고사

01

다음 중 빈칸에 들어갈 수 <u>없는</u> 것을 고르시오.

> Lauren is _____ to buy a used piano.

① hoping
② expecting
③ planning
④ refusing
⑤ considering

02

다음 빈칸에 알맞은 것을 고르시오.

> It was nice _____ you to help the old lady.

① to   ② for
③ of   ④ about
⑤ with

03

다음 중 밑줄 친 부분의 우리말 의미가 알맞지 <u>않은</u> 것을 고르시오.

① <u>Frankly speaking</u>, I don't like the new curtains.
 = 솔직히 말해서
② <u>Strictly speaking</u>, this is against the law.
 = 굳이 말하자면
③ <u>Considering</u> his age, the child is very smart.
 = ~을 고려하면
④ <u>Generally speaking</u>, public transportation is
 = 일반적으로 말해서
cheaper.
⑤ <u>Judging from</u> his messy room, he must be lazy.
 = ~으로 판단하건대

04

다음 대화의 빈칸에 알맞은 말을 고르시오.

> A: I felt worse when I woke up this morning.
> B: _____ a doctor yesterday.

① You can see
② You may see
③ You must see
④ You should have seen
⑤ You cannot have seen

05

다음 우리말과 일치하도록 빈칸에 알맞은 것을 고르시오.

> 네가 아무리 바쁘더라도 제대로 챙겨 먹어야 한다.
>
> → _____ busy you are, you should
>   eat properly.

① How ② Whatever
③ Wherever ④ No matter when
⑤ However

06

다음 빈칸에 공통으로 들어갈 말을 고르시오.

> • You are the only person _____
>   understands me.
> • Can you believe _____ he is 90 years
>   old?

① what ② who
③ which ④ that
⑤ whether

07

다음 빈칸에 들어갈 말로 바르게 짝지어진 것을 고르시오.

> • They were seen _____ in the street.
> • I was made _____ the yard by my mom.

① fight – clean
② fought – to clean
③ fought – cleaning
④ fighting – clean
⑤ fighting – to clean

08

다음 중 밑줄 친 부분의 쓰임이 나머지와 다른 것을 고르시오.

① I'm not certain if she is single.
② He didn't know if there was a meeting.
③ I don't care if the weather is good or not.
④ I'm not sure if he is from America or not.
⑤ Join our club if you want to learn Russian.

09

다음 중 밑줄 친 부분을 생략할 수 있는 것을 고르시오.

① The handbag <u>which</u> has a gold buckle is expensive.
② He is the man <u>whose</u> sister is a chef.
③ You bought the same perfume <u>that</u> I used to wear.
④ Leo is the actor <u>who</u> played Romeo in the movie.
⑤ Karen is the person with <u>whom</u> I share my office.

10

다음 중 밑줄 친 부분이 어법상 틀린 것을 고르시오.

① Being a vegetarian <u>is</u> not easy.
② My father is a lawyer, and <u>so do I</u>.
③ Part of this painting <u>was</u> damaged in a fire.
④ Twenty percent of the employees <u>suffer</u> from neck pain.
⑤ <u>Never did I imagine</u> winning the Best Actor award.

11

다음 중 어법상 틀린 것의 개수를 구하시오.

a. Every seat in the concert hall was taken.
b. Fifteen dollars was my weekly allowance.
c. He proved light travels faster than sound.
d. All the T-shirts are in the washing machine.

① 0개 ② 1개 ③ 2개 ④ 3개 ⑤ 4개

12

다음 빈칸에 공통으로 들어갈 말을 고르시오.

• The number of birds _____ declining in many cities.
• I learned that water _____ composed of hydrogen and oxygen.

① be ② is
③ are ④ was
⑤ will be

13

다음 빈칸에 들어갈 말로 알맞지 <u>않은</u> 것을 고르시오.

> The actor was _____ more handsome than I had imagined.

① much ② even
③ a lot ④ far
⑤ a lot of

14

다음 중 밑줄 친 부분이 어법상 <u>틀린</u> 것을 고르시오.

① These are <u>the worst</u> noodles I've ever eaten!
② No other <u>animal</u> is as large as the blue whale.
③ Nothing is <u>more important</u> than true friendship.
④ The <u>annoying</u> sounds bothered the students during the test.
⑤ The customer complained about the product with his arms <u>crossing</u>.

15

다음 두 문장을 한 문장으로 만든 것으로 알맞은 것을 고르시오.

> Do you know? + How did he escape from jail?

① Do you know he escaped from jail?
② Do you know did he escape from jail?
③ Do you know how he escaped from jail?
④ Do you know how did he escape from jail?
⑤ Do you know whether he escaped from jail?

16

다음 두 문장이 같은 뜻이 되도록 빈칸에 알맞은 말을 쓰시오. (3단어로 쓸 것)

> My son remembers that he visited his uncle a few years ago.
> = My son remembers _____ _____ a few years ago.

정답 _____

17

다음 두 문장을 주어진 단어를 활용하여 한 문장으로 쓰시오.

> Do you know? + Does she also like basketball?
> (whether)

정답 _____

18

다음 우리말과 일치하도록 주어진 단어를 바르게 배열하시오.

> 우리들 중 아무도 올해 새 스마트폰을 사지 않았다.
> (of, a new smartphone, none, us, bought)

정답 _____

_____ this year.

19

다음 밑줄 친 부분을 강조하여 문장을 다시 쓰시오.

> We watched a movie about the universe last
> night.

정답 _____

_____

20

다음 주어진 문장을 분사구문으로 바꿔 쓰시오. (3단어로 쓸 것)

> After he had finished dinner, he took a shower.

정답 _____, he took a

shower.

시험일 　월　　　일 ｜ 소요시간 　　　　　분 ｜ 채점 　　　　　/20개

01

다음 빈칸에 공통으로 들어갈 말을 고르시오.

- The man refused _____ his name.
- I regret _____ that I can't go to the movie tonight.

① say
② to say
③ to be said
④ saying
⑤ having said

02

다음 중 어법상 틀린 것을 고르시오.

① I found my daughter cooking spaghetti for us.
② Having not any food at home, we decided to eat out.
③ Looking out of the window, my dog started to bark.
④ After taking a shower, I drank a cup of water.
⑤ Most of the people invited to the wedding were his coworkers.

03

다음 두 문장을 한 문장으로 만들 때 빈칸에 들어갈 말을 고르시오.

I didn't have dinner. + That's why I'm hungry now.

→ If I had had dinner, _____.

① I am not hungry now
② I won't be hungry now
③ I wouldn't be hungry now
④ I wouldn't had been hungry now
⑤ I wouldn't have been hungry now

04

다음 중 빈칸에 알맞은 것을 고르시오.

Never _____ such a boring movie.

① I have seen
② have seen I
③ have I seen
④ I haven't seen
⑤ haven't I seen

05

다음 중 빈칸에 들어갈 수 <u>없는</u> 것을 고르시오.

> Can I ask _____ ?

① who is he

② if the rumor is true

③ when her birthday is

④ where the post office is

⑤ whether she will come here

06

다음 문장을 분사구문으로 바르게 옮긴 것을 고르시오.

> As it was windy outside, we decided to stay home.

① Windy outside, we decided to stay home.

② Being windy outside, we decided to stay home.

③ Having windy outside, we decided to stay home.

④ It being windy outside, we decided to stay home.

⑤ Having been windy outside, we decided to stay home.

07

다음 중 빈칸에 알맞은 것을 고르시오.

> This site _____ to a new server.

① moves
② is being moving

③ has moved
④ has been moved

⑤ is been moved

08

다음 빈칸에 들어갈 말이 바르게 짝지어진 것을 고르시오.

> • Josh finished his meal as quickly as _____.
> • _____ other child in this class is taller than James.

① can – No
② soon – All

③ possible – No
④ possible – All

⑤ soon – Any

09

다음 빈칸에 들어갈 말이 바르게 짝지어진 것을 고르시오.

> • If I _____ busy, I could have attended the ceremony.
> • The man _____ is sitting in the dark is Mr. Morris.

① had not been - whom
② weren't - which
③ had not been - that
④ weren't - that
⑤ have not been - which

10

다음 분사구문을 부사절로 바꾼 것 중 어법상 <u>틀린</u> 것을 고르시오.

① <u>Falling asleep</u>, she missed the TV show.
　→ Since she fell asleep
② <u>Finishing your work</u>, you must clean your room.
　→ After you finish your work
③ <u>Feeling cold</u>, Susan put on her coat.
　→ Since she felt cold
④ <u>Not having enough money</u>, I can't afford a ticket.
　→ Because I haven't had enough money
⑤ <u>Calling Mark's name</u>, Bob entered the classroom.
　→ As he called Mark's name

11

다음 중 문장의 의미가 나머지와 <u>다른</u> 것을 고르시오.

① Nothing is as important as your health.
② Your health is the most important thing.
③ Nothing is more important than your health.
④ Your health is as important as any other thing.
⑤ Your health is more important than any other thing.

12

다음 중 보기 의 밑줄 친 부분과 쓰임이 같은 것을 고르시오.

> 보기 I found <u>that</u> my watch was broken.

① This is the café <u>that</u> my favorite singer owns.
② It was unexpected <u>that</u> we lost the game.
③ The old dog <u>that</u> is lying on the carpet is sick.
④ Have you read the book <u>that</u> I recommended?
⑤ One of the subjects <u>that</u> Paul Cézanne painted the most was fruit.

13

다음 중 어법상 옳은 것끼리 바르게 짝지어진 것을 고르시오.

> a. Lift your legs as high as you can.
> b. The new theater is three times bigger than the old one.
> c. Who are those kids run in the playground?
> d. Found a place to stay, we looked for a place to eat.

① a, b ② a, c
③ b, c ④ b, d
⑤ c, d

14

다음 각 네모 안에서 어법상 알맞은 것끼리 바르게 짝지어진 것을 고르시오.

> • I would / would rather leave now than wait until tomorrow.
> • He has / will have been in the hospital for six months by next week.
> • There used to / would be a swimming pool for the children.

① would – has – used to
② would – will have – used to
③ would rather – will have – used to
④ would rather – has – would
⑤ would rather – will have – would

15

다음 우리말을 영어로 바르게 옮긴 것을 고르시오.

> 그가 그 뮤직비디오를 봤을 리가 없다.

① He should not have watched the music video.
② He must have watched the music video.
③ He may not have watched the music video.
④ He cannot have watched the music video.
⑤ He had better not watch the music video.

16

다음 빈칸에 들어갈 알맞은 복합관계대명사를 보기 에서 골라 쓰시오.

> 보기 Whoever   Whichever   Whatever

정답 _____ gets the highest score will win the prize.

17

다음 두 문장을 주어진 단어를 활용하여 한 문장으로 나타낼 때 빈칸에 알맞은 말을 쓰시오.

> Hotel A is $25 per night. + Hotel B is $75 per night.
>
> → Hotel B is _____ than Hotel A. (times, expensive)

정답 _____

18

다음 우리말과 일치하도록 주어진 말을 활용하여 문장을 완성하시오.

> 당신의 개가 밤 늦게 짖는 것을 막아주세요.
> (keep, your dog, bark)

정답 Please _____

_____ late at night.

19

주어진 단어를 활용하여 빈칸에 알맞은 말을 쓰시오.

> My grandfather came home with his hat
> _____ with snow. (cover)

정답 _____

20

다음 문장에서 생략할 수 있는 부분을 찾아 쓰시오. (2단어로 쓸 것)

> Kyoto is the place where I learned about Japanese culture.

정답 _____

지은이

NELT 평가연구소

NELT 평가연구소는 초중고생의 정확한 영어 실력 평가를 위해
우리나라 교육과정 기반의 평가 시스템 설계, 테스트 문항 개발,
성적 분석 등을 담당하는 NE능률의 평가 연구 조직입니다.

NELT 문법 실전 모의고사 〈LEVEL 6〉

펴 낸 이   주민홍
펴 낸 곳   서울특별시 마포구 월드컵북로 396(상암동) 누리꿈스퀘어 비즈니스타워 10층
           ㈜NE능률 (우편번호 03925)
펴 낸 날   2024년 3월 5일 초판 제1쇄 발행
전   화   02 2014 7114
팩   스   02 3142 0356
홈 페 이 지 www.neungyule.com
등 록 번 호 제1-68호
I S B N   979-11-235-4332-5
정   가   13,000원

NE 능률

고객센터

교재 내용 문의 : contact.nebooks.co.kr (별도의 가입 절차 없이 작성 가능)
제품 구매, 교환, 불량, 반품 문의 : 02-2014-7114
☎ 전화문의는 본사 업무시간 중에만 가능합니다.

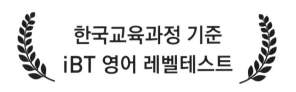

NELT
Neungyule English Level Test

문법 실전 모의고사

LEVEL 6

정답 및 해설

빠른 정답 찾기

NELT 문법 실전 모의고사 1회

01	⑤	02	④	03	③	04	③	05	③
06	③	07	⑤	08	③	09	③	10	③
11	③	12	⑤	13	②	14	⑤	15	⑤

16 how you should make 17 visiting his uncle
18 Whoever 19 Having finished dinner
20 that is

NELT 문법 실전 모의고사 2회

01	③	02	③	03	②	04	⑤	05	③
06	②	07	①	08	③	09	④	10	⑤
11	①	12	②	13	①	14	④	15	①

16 keep your dog from barking 17 will be
taken care of by the rescue team 18 did not
live 19 None of us bought a new smartphone
20 would get better

NELT 문법 실전 모의고사 3회

01	④	02	②	03	⑤	04	③	05	②
06	③	07	④	08	③	09	③	10	④
11	⑤	12	⑤	13	③	14	③	15	③

16 was bought for Sue by Mike 17 other
month is hotter than July 18 Not wanting to
be late 19 covered 20 I do believe what Brian
told me.

NELT 문법 실전 모의고사 4회

01	⑤	02	③	03	⑤	04	④	05	①
06	③	07	②	08	④	09	①	10	③
11	③	12	①	13	④	14	①	15	④

16 To begin with 17 It was his love for singing
that made his dream come true. 18 neither
was I 19 the place 20 wherever

NELT 문법 실전 모의고사 5회

01	②	02	⑤	03	④	04	④	05	③
06	②	07	③	08	⑤	09	④	10	③
11	③	12	②	13	③	14	④	15	③

16 the best cake I have ever tasted 17 by →
with 18 should have woken up 19 The more
we exercise, the healthier we become. 20 It
was a movie about the universe that we
watched last night.

NELT 문법 실전 모의고사 6회

01	⑤	02	④	03	⑤	04	②	05	⑤
06	③	07	④	08	③	09	④	10	④
11	③	12	⑤	13	③	14	③	15	④

16 will have taken 17 was found sleeping on
the couch 18 three times more expensive 19
But for my coach, I wouldn't have won 20 Do
you know whether she also likes basketball?

NELT 문법 복습 모의고사 1회

01	⑤	02	③	03	②	04	④	05	⑤
06	④	07	⑤	08	⑤	09	③	10	②
11	①	12	②	13	⑤	14	⑤	15	③

16 visiting his uncle 17 Do you know whether
she also likes basketball? 18 None of us
bought a new smartphone 19 It was a movie
about the universe that we watched last night.
20 Having finished dinner

NELT 문법 복습 모의고사 2회

01	②	02	②	03	③	04	③	05	①
06	④	07	④	08	③	09	③	10	④
11	④	12	②	13	①	14	③	15	④

16 Whoever 17 three times more expensive
18 keep your dog from barking 19 covered
20 the place

NELT 문법 실전 모의고사 1회

01	⑤	02	④	03	③	04	③	05	③
06	③	07	⑤	08	③	09	③	10	③
11	③	12	⑤	13	②	14	⑤	15	⑤

16 how you should make 17 visiting his uncle
18 Whoever 19 Having finished dinner
20 that is

01 ⑤

해석 그들은 2028년이면 공사를 끝내게 될 것이다.

해설 ⑤ by 2028이라는 미래를 나타내는 표현이 있으므로 「will have v-ed」 형태의 미래완료가 들어가야 한다.

02 ④

해석 A: 나는 오늘 아침 일어났을 때, 몸이 더 안 좋았어. B: 너는 어제 병원에 갔어야 했어.

해설 ④ 병원에 가지 않은 과거의 일에 대해 유감을 나타내는 상황이므로, 빈칸에는 과거 사실에 대한 후회나 유감을 나타내는 「should have v-ed」 형태를 써야 한다.

03 ③

해석 **보기** 내가 젊었을 때, 도서관에서 일했다.
① 내가 전화할 때 현관으로 내려와라. ② 내가 그녀를 다시 볼 때, 나는 그녀의 이름을 물어볼 것이다. ③ 6월 3일은 나의 아들이 태어난 날짜이다. ④ Lily는 어두운 곳에 있을 때 불안감을 느낀다. ⑤ 역에 도착할 때 나에게 전화해줘.

해설 **보기**와 ①, ②, ④, ⑤는 '~할 때'라는 뜻의 부사절을 이끄는 종속접속사이고, ③은 선행사 the date를 수식하는 관계부사이다.

04 ③

해석 너는 아니?+그는 어떻게 감옥에서 탈출했니?
③ 너는 그가 어떻게 감옥에서 탈출했는지 아니?

해설 ③ 의문사(How)가 있는 의문문이 간접의문문으로 쓰일 경우, 「의문사+주어+동사」의 어순으로 쓴다.

05 ③

해설 ③ not always는 '항상 ~인 것은 아니다'라는 뜻의 부분부정을 나타내므로, '그 약은 항상 효과가 좋은 것은 아니다.'라고 해석하는 것이 적절하다.

06 ③

해석 우리는 당신을 곧 직접 만나기를 고대한다.

해설 ③ '~하기를 고대하다'는 「look forward to v-ing」로 나타낸다.

07 ⑤

해석 ① 나는 그의 음식을 좋아하는 척했다. ② 나는 네가 나를 믿을 거라고 기대하지 않는다. ③ 내가 설거지하는 것을 도와주겠니? ④ 나는 서프라이즈 파티를 계획하고 있었다. ⑤ 그의 상사는 그에게 마감을 맞추게 했다.

해설 ⑤ 사역동사 make는 목적격보어로 원형부정사를 쓰므로 빈칸에 아무것도 들어가지 않는다.

08 ③

해석 나는 저녁을 안 먹었다. + 그것이 내가 지금 배고픈 이유이다. → 내가 저녁을 먹었더라면, 나는 지금 배가 안 고플 텐데.

해설 ③ '(과거에) ~했다면, (현재) …할 텐데'의 의미는 「If+주어+had v-ed, 주어+조동사의 과거형+동사원형」 형태의 혼합가정법을 쓴다.

09 ③

해석 ① 나는 그녀가 길을 건너는 것을 봤다. → 그녀가 내게 길을 건너는 것이 목격되었다. ② 그녀는 아기를 위해 스웨터를 짜고 있다. → 스웨터가 아기를 위해 짜여지고 있다. ③ 그들은 로봇이 걷고 춤추게 시켰다. ④ 많은 학생들이 Grey 교수님을 존경한다. → Grey 교수님은 많은 학생들에 의해 존경 받는다. ⑤ 서양인들은 13일의 금요일이 불운하다고 믿는다. → 13일의 금요일은 서양인들에 의해 불운하다고 믿어진다.

해설 ③ 사역동사 make의 목적격보어로 쓰인 동사원형은 수동태 문장에서 to부정사인 to walk and dance로 쓰여야 한다.

10 ③

해석 ① 사실대로 말하면, 나는 Jack을 좋아하지 않는다. ② 그 사랑 이야기는 사람들을 울게 한다. (③ 너는 Jason이 노래하는 것을 들은 적이 있니?) ④ 나는 내 친구들을 나의 집으로 오게 했다. ⑤ 말할 필요도 없이, 나리는 내 가장 친한 친구이다.

해설 ③ 지각동사 hear는 목적격보어로 원형부정사 또는 현재분사를 쓰므로 to sing을 sing 또는 singing으로 고쳐야 한다.

11 ③

해석 • Josh는 가능한 한 빨리 식사를 마쳤다. • 이 교실에서 어떤 아이도 James보다 더 크지 않다.

해설 • '가능한 한 ~하게'는 「as+원급+as possible」의 형태이므로, 빈칸에는 possible이 들어가야 한다. • '어떤 것[누구]도 …보다 더 ~하지 않은'은 「No (other)+단수명사 ~ 비교급+than」의 형태로 나타내므로, 빈칸에는 No가 들어가야 한다.

12 ⑤

해석 ① 나는 그녀가 독신인지 확신할 수 없다. ② 그는 회의가 있는지 몰랐다. ③ 나는 날씨가 좋든지 안 좋든지 상관하지 않는다. ④ 나는 그가 미국 출신인지 아닌지 확신하지 못한다. ⑤ 만약 네가 러시아어를 배우고 싶다면, 우리 동호회에 가입해라.

해설 ⑤는 '만일 ~라면'이라는 뜻의 부사절을 이끄는 종속접속사이고, 나머지는 모두 '~인지 (아닌지)'라는 뜻의 명사절을 이끄는 종속접속사이다.

13 ②

해석 ① 채식주의자가 되는 것은 쉽지 않다. (② 우리 아버지는 변호사이고, 나도 그렇다.) ③ 이 그림의 일부는 화재로 손상되었다. ④ 직원의 20퍼센트가 목 통증을 앓고 있다. ⑤ 나는 최고 연기자상을 탈 것을 전혀 상상하지 못했다.

해설 ② 앞 절의 동사가 be동사이므로, 「so+동사+주어」에서도 be동사를 써서 so am I가 되어야 한다.

14 ⑤

해석 보기 Clay 씨는 지금 그의 사무실에 있을지도 모른다. ① 제가 전화를 써도 될까요? ② 원한다면 너는 집에 가도 좋다. ③ 저녁식사 후에 너는 아이스크림을 먹어도 좋다. ④ 실례합니다만, 제가 잠깐 함께해도 될까요? ⑤ 나는 회의가 있다. 오늘 저녁에 늦을지도 모른다.

해설 보기와 ⑤는 '~일지도 모른다'는 추측의 의미를 나타내며,

나머지는 모두 '~해도 된다'는 허가를 나타낸다.

15 ⑤

해설 ⑤ '아무리 ~하더라도'를 나타내므로 복합관계부사 However가 들어가야 한다.

16 how you should make

해석 나는 너에게 어떻게 종이배를 만들지 말해 줄 것이다.

해설 「의문사+to부정사」는 「의문사+주어+should[can]+동사원형」으로 바꿔 쓸 수 있으며, 주어진 단어가 should이므로 how you should make가 되어야 한다.

17 visiting his uncle

해석 내 아들은 몇 년 전에 그가 삼촌을 방문했던 것을 기억한다.

해설 과거에 일어났던 일을 기억하는 것이므로, 「remember+동명사」로 나타낸다.

18 Whoever

해석 가장 높은 점수를 얻는 사람은 누구나 상을 받을 것이다.

해설 빈칸에는 명사절을 이끄는 복합관계대명사 Whoever(~하는 사람은 누구나)가 들어가는 것이 적절하다.

19 Having finished dinner

해석 저녁식사를 마친 후에, 그는 샤워를 했다.

해설 부사절의 시제(저녁식사를 마친 것)가 주절의 시제(샤워를 한 것)보다 한 시제 앞서므로 「having v-ed」의 형태로 쓴다.

20 that is

해석 이것은 크림, 우유, 설탕 그리고 바닐라로 만들어진 우리의 전통적인 디저트이다.

해설 「주격관계대명사+be동사」인 that is 뒤에 과거분사가 이어지고 있으므로, that is를 생략할 수 있다.

는 모두 to부정사를 목적어로 취하는 동사이다.

NELT 문법 실전 모의고사 2회

01	③	02	③	03	②	04	⑤	05	③
06	②	07	①	08	③	09	④	10	⑤
11	①	12	②	13	①	14	④	15	①

16 keep your dog from barking 17 will be taken care of by the rescue team 18 did not live 19 None of us bought a new smartphone 20 would get better

01 ③

해석 어떤 사람들은 만화책 읽는 것을 원하고, 다른 사람들은 체스하는 것을 원한다.

해설 ③ 여러 대상 중에서 막연히 몇 사람씩 지칭하는 것은 부정대명사 some과 others로 나타낸다.

02 ③

해석 • 그가 나를 방문했을 때 나는 막 저녁식사를 끝냈었다. • 얼마의 돈이 나의 부모님에 의해 내게 보내졌다.

해설 • 그가 나를 방문하기(과거) 이전에 완료된 일이므로 과거완료인 「had v-ed」 형태를 써야 한다. • 동사 send가 포함된 4형식 문장의 직접목적어를 주어로 하는 수동태는 간접목적어 앞에 전치사 to를 써야 한다.

03 ②

해석 ① 나를 돕다니 그녀는 친절했다. ② 내가 그를 이해하는 것은 힘들다. ③ 그녀의 제안을 거절하다니 너는 무례했다. ④ 도둑을 잡다니 너는 용감했다. ⑤ 가방을 또 잃어버리다니 그는 부주의했다.

해설 ② hard(어려운)는 사람의 성격이나 성질에 대한 주관적 평가를 나타내는 형용사가 아니므로 빈칸에는 for가, 나머지에는 모두 of가 들어가야 한다.

04 ⑤

해석 Lauren은 중고 피아노를 사는 것을 _____ 있다.

해설 ⑤ 목적어 자리에 to부정사가 있으므로 동명사를 목적어로 쓰는 동사인 considering은 빈칸에 들어갈 수 없다. 나머지

05 ③

해석 • 나는 이 헷갈리는 지도로 아무것도 찾을 수 없다! • 유미는 우울할 때 너무 많이 먹는다.

해설 • 문맥상 '헷갈리게 하는'의 능동의 의미가 되어야 하므로 현재분사 confusing이 들어가야 한다. • 문맥상 '우울한 감정을 느끼게 되는'의 수동의 의미가 되어야 하므로 과거분사 depressed가 들어가야 한다.

06 ②

해석 ① 나는 Brian에게 전화했는데, 그는 전화를 받지 않았다. (② 나는 하와이에 갔는데, 그곳에서 Green 씨를 처음 만났다.) ③ 내 오래된 카메라를 원하는 사람은 누구나 그것을 가져가도 된다. ④ 누가 경주에서 이기더라도 나는 기쁠 것이다. ⑤ 그는 시 몇 편을 올렸는데, 그것이 그를 유명하게 만들었다.

해설 ② 선행사가 Hawaii이므로 which 대신 장소를 선행사로 하는 계속적 용법의 관계부사 where가 와야 한다.

07 ①

해석 • Joyce는 그녀의 아이들이 밤 10시 전에 자게 한다. • 차 씨는 그의 아이가 자기 전에 책을 읽도록 했다.

해설 ① 사역동사 make와 have는 목적격보어로 원형부정사를 쓰므로 빈칸에는 각각 go와 read가 들어가야 한다.

08 ③

해석 ① Henry와 Sue는 둘 다 수영하는 것을 즐긴다. ② 그는 피아노 뿐만 아니라 바이올린도 연주한다. (③ 우리 엄마도 아빠도 집에 안 계신다.) ④ 나 뿐만 아니라 내 여동생도 요리하는 것을 좋아한다. ⑤ 우리는 토요일이나 일요일에 야구를 할 것이다.

해설 ③ 'A도 B도 아닌'이라는 뜻의 상관접속사는 「neither A nor B」이므로, or를 nor로 고쳐야 한다.

09 ④

해석 보기 그 선생님은 우리에게 재미있는 이야기를 해 주는 것을 즐기신다. ① 저 빛나고 있는 별들을 봐! ② 그들은 아기의 웃는 얼굴을 좋아했다. ③ 그는 아들을 위한 선물을 포장하고 있다. ④ 너는 직업을 바꾸는 것을 고려해야 한다. ⑤ 이 담요로 저 자고 있는 소년을 덮어 주어라.

해설 보기와 ④는 동사의 목적어 역할을 하는 동명사이다. ①, ②, ⑤는 명사를 수식하는 현재분사, ③은 동사의 진행형을 만드는 현재분사이다.

10 ⑤
해석 그 배우는 내가 상상했던 것보다 훨씬 더 잘생겼다.
해설 ⑤ a lot of는 명사를 수식하는 수량형용사로 비교급을 강조할 수 없다.

11 ①
해설 ① 부정어 Rarely가 문장 맨 앞에 쓰였고 일반동사가 있는 문장이므로 「부정어(Rarely)+do[does/did]+주어+동사원형」의 형태로 써야 한다. 주어진 우리말이 현재시제이며 주어가 I이므로 do를 쓴다.

12 ②
해석 보기 나는 내 손목 시계가 망가진 것을 발견했다. ① 여기가 내가 가장 좋아하는 가수가 소유한 카페이다. ② 우리가 시합에 진 것은 예상 밖이었다. ③ 카펫 위에 누워 있는 그 나이 든 개는 아프다. ④ 너는 내가 추천했던 책을 읽어 봤니? ⑤ 폴 세잔이 가장 많이 그렸던 대상 중 하나는 과일이었다.
해설 보기와 ②는 명사절을 이끄는 종속접속사이고, 나머지는 모두 앞의 선행사를 수식하는 관계대명사이다.

13 ①
해석 ① 이 잔은 크리스털로 만들어졌다. ② 그녀의 아빠가 그녀에게 소리질렀다. ③ 그 교회는 폭풍에 의해 파괴되었다. ④ 그녀의 웨딩드레스는 그녀의 엄마에 의해 만들어졌다. ⑤ 클래식 음악이 오케스트라에 의해 연주되고 있었다.
해설 ① '~로 만들어지다'는 「be made of」이므로 빈칸에는 전치사 of가 들어가고, 나머지는 모두 수동태에서 행위자를 나타내는 전치사 by가 들어간다.

14 ④
해석 밖에 바람이 불어서, 우리는 집에 있기로 결정했다.
해설 ④ 부사절의 주어(it)가 주절의 주어(we)와 다르므로 분사구문 앞에 부사절의 주어를 생략하지 않고 남겨두어야 한다.

15 ①
해석 a. 콘서트 홀의 모든 좌석이 찼다. b. 15달러가 내 매주 용돈이었다. c. 그는 빛이 소리보다 더 빨리 이동한다는 것을 증명했다. d. 모든 티셔츠들이 세탁기 안에 있다.
해설 a. Every는 단수 취급하므로 단수 동사 was, b. 금액은 단수 취급하므로 단수 동사 was, c. 주절의 시제와 관계 없이 과학적 사실에 대한 내용의 종속절은 현재시제, d. 「All+복수명사」이므로 복수 동사 are가 쓰인 것은 적절하다.

16 keep your dog from barking
해설 '~가 …하는 것을 막다'는 「keep+목적어+from v-ing」로 나타내므로, keep 뒤에 your dog from을 쓰고, v-ing 형태인 barking으로 써야 한다.

17 will be taken care of by the rescue team
해설 동사구(take care of)를 포함한 문장을 수동태로 바꿀 때, 동사구를 하나의 동사로 취급하여 수동태 문장에서 그대로 쓴다.

18 did not live
해석 네가 멀리 살기 때문에, 나는 너를 매일 볼 수 없다.
해설 현재 사실과 반대되는 가정을 나타내고 있으므로, 「If+주어+동사의 과거형, 주어+조동사의 과거형+동사원형」 형태의 가정법 과거를 쓴다.

19 None of us bought a new smartphone
해설 '우리들 중 아무도 ~않다'라는 전체 부정의 의미를 None of us로 쓴 후 문장을 완성한다.

20 would get better
해석 의사가 그녀에게 "당신은 곧 좋아질 겁니다."라고 말했다. → (의사가 그녀에게 곧 좋아질 거라고 말했다.)
해설 종속절의 시제를 주절의 시제(과거)에 맞게 바꿔야 하므로, will get better를 would get better로 고쳐야 한다.

01	④	02	②	03	⑤	04	③	05	②
06	③	07	④	08	③	09	③	10	④
11	⑤	12	⑤	13	③	14	③	15	③

16 was bought for Sue by Mike 17 other month is hotter than July 18 Not wanting to be late 19 covered 20 I do believe what Brian told me.

01 ④

해석 **보기** 모든 사람이 운동화 한 켤레를 가져올 필요가 있다. ① 나는 끓는 물에 손가락을 데었다. ② 분홍색 치마를 입은 저 소녀는 나의 여동생이다. ③ 내 앞에 서 있는 남자는 피곤해 보인다. ④ 뜨거운 우유 한 잔이 수면제보다 더 낫다. ⑤ 공장 근처에 살고 있는 사람들이 소음에 대해 불평했다.

해설 **보기** 와 ④는 명사 앞에서 명사의 용도나 목적을 설명하는 동명사이다. 나머지는 모두 앞이나 뒤의 명사를 수식하는 현재분사이다.

02 ②

해석 ① 나는 한국 드라마를 보는 것을 좋아했다. (② 그녀는 그 책을 이해하는 데 어려움을 겪었다.) ③ 그들은 한국어를 공부하는 데 많은 시간을 보냈다. ④ 그는 자막 없이 영화를 보는 데에 익숙하다. ⑤ 너는 중국어를 말하는 것에 능숙하다.

해설 ② '~하는 것에 어려움을 겪다'는 「have difficulty v-ing」의 형태이므로, to understand는 understanding이 되어야 한다.

03 ⑤

해석 **보기** 우리 부모님은 결혼하신 지 15년이 되었다. ① 우리는 전에 이 이야기를 들어본 적이 있다. ② 나는 공항에 막 도착했다. ③ 그들은 연구를 하기 위해 아프리카에 갔다. ④ 너는 "Mockingjay"라는 책을 읽어본 적이 있니? ⑤ 그녀는 지난 월요일부터 치통을 겪고 있다.

해설 **보기** 와 ⑤는 계속을 나타내는 현재완료이다. ①과 ④는 현재완료의 경험, ②는 완료, ③은 결과를 나타낸다.

04 ③

해석 당신은 이것을 햇볕을 피해서 보관해야 한다. → 이것은 햇볕을 피해서 보관되어야 한다.

해설 ③ 조동사 must가 쓰인 문장의 수동태이므로 「must+be v-ed」로 쓴다. 이때 be동사는 원형으로 쓴다.

05 ②

해석 ① Ava는 어떻게 앵무새를 기를지 몰랐다. ② 그는 내게 긴급 상황에 무엇을 해야 할지 말해주었다. 그는 내게 긴급 상황에 무엇을 하지 말아야 할지 말해주었다. ③ 나는 그녀에게 어떻게 사과할지 물었다. ④ 그는 다음에 어디로 갈지 결정하지 않았다. ⑤ 제 연구 보고서를 언제 내야 할지 알려주세요.

해설 ②「의문사+to부정사」는「의문사+주어+should[can]+동사원형」으로 바꿔 쓸 수 있으므로, should not을 쓰면 두 문장의 의미가 달라진다.

06 ③

해석 **보기** 배가 고파서, 그는 피자를 시키기로 결정했다. ① 비록 그는 배가 고팠지만 ② 만약 그가 배가 고팠다면 ③ 그는 배가 고파서 ④ 비록 그는 배가 고팠지만 ⑤ 만약 그가 배가 고프지 않았다면

해설 ③ 문맥상 분사구문에서 생략된 접속사는 이유를 나타내는 것이다.

07 ④

해석 • 너는 나를 이해하는 유일한 사람이다. • 너는 그가 90살이라는 것을 믿을 수 있니?

해설 • the only person을 선행사로 하는 관계대명사가 들어가야 한다. 선행사에 the only가 있으므로 관계대명사 that을 주로 쓴다. • 빈칸에는 뒤의 명사절 he is 90 years old를 이끄는 종속접속사 that이 들어가야 한다.

08 ③

해석 내가 너라면, 저 드레스를 살 텐데.

해설 ③ 주어진 문장은 「If+주어+동사의 과거형, 주어+조동사의 과거형+동사원형」 형태의 가정법 과거이므로, 빈칸에는 would buy가 들어가야 한다.

09 ③

해석 • 나는 내일까지 기다리느니 차라리 지금 떠나겠다. • 그는 다음 주면 6개월째 병원에 있는 것이 될 것이다. • 어린이를 위한 수영장이 있었다.

해설 • 뒤에 than이 있으므로 '~하느니 차라리 …하겠다'라는 의미의 「would rather … than ~」의 would rather가 들어가는 것이 자연스럽다. • by next week를 통해 미래완료 시제임을 알 수 있으므로, 빈칸에는 will have가 들어가는 것이 적절하다. • '~이었다'라는 의미로 과거의 상태를 나타내는 used to를 쓰는 것이 적절하다.

10 ④

해석 ① 아무것도 네 건강만큼 중요하지는 않다. ② 네 건강이 가장 중요한 것이다. ③ 아무것도 네 건강보다 더 중요하지는 않다. ④ 네 건강은 다른 어떤 것만큼 중요하다. ⑤ 네 건강은 다른 어떤 것보다 더 중요하다.

해설 ④를 제외한 나머지는 모두 '네 건강이 가장 중요하다'라는 최상급의 의미를 나타낸다.

11 ⑤

해석 • 코코아는 겨울 동안에 잘 팔린다. • 내 남편이 내 생일을 잊어버려서 나는 기분이 나빴다.

해설 • 빈칸 뒤에 '특정한 때'를 나타내는 명사가 나오므로, 빈칸에는 전치사 during이 들어가야 한다. • 빈칸 뒤에 「주어+동사」 형태의 절이 나오므로, 빈칸에는 접속사 because가 들어가야 한다.

12 ⑤

해석 ① 2022년은 나의 아들이 태어난 해이다. ② 네가 늦는 이유를 나에게 말해주겠니? ③ 이곳은 당신이 야생 염소를 볼 수 있는 곳이다. ④ 나는 내 딸이 처음으로 걸었던 그 날을 기억한다. (⑤ Jason은 그가 어떻게 문제를 풀었는지 사람들에게 보여주었다.)

해설 ⑤ 관계부사 how는 선행사 the way와 함께 쓸 수 없고 둘 중 하나만 써야 하므로, the way how를 the way 또는 how로 고쳐야 한다.

13 ③

해석 ① 나는 15살부터 영국에서 살았다. ② 나는 런던 국제 학교를 졸업했다. (③ 나는 학교에 다닐 때 영어와 스페인어를 배웠다.) ④ 나는 현재 대학교에서 공학을 공부하고 있다. ⑤ 나는 2025년에는 석사 학위를 끝내게 될 것이다.

해설 ③ 현재완료 have learned는 명백히 과거를 나타내는 표현 when I was in school과 함께 쓰일 수 없으므로, have learned를 learned로 바꿔야 한다.

14 ③

해석 ① 내 상사가 그의 아내에게 보낸 것은 바로 장미였다. ② 벽을 흰색으로 칠한 사람은 바로 Frida였다. ③ 네가 제시간에 여기에 도착하는 것이 중요하다. ④ James가 이 동네로 이사한 것은 바로 지난달이었다. ⑤ 가장 인기 있는 애완동물은 바로 고양이와 개이다.

해설 ③의 밑줄 친 It은 가주어이고 나머지는 모두 「It is[was] ~ that …」 강조 구문의 It이다.

15 ③

해설 ③ 상관접속사 「not only A but also B」로 연결되는 말은 문법적으로 동일한 형태여야 하므로 빈칸에는 동명사 rubbing과 동일한 형태인 wearing이 들어가야 한다.

16 was bought for Sue by Mike

해석 Mike는 Sue에게 특별한 선물을 사주었다.

해설 동사 buy가 포함된 4형식 문장의 수동태이므로 간접목적어(Sue) 앞에 전치사 for를 써야 한다.

17 other month is hotter than July

해석 7월이 베트남에서 가장 더운 달이다.
= 베트남에서 어떤 달도 7월보다 더 덥지 않다.

해설 비교급을 이용하여 '어떤 것[누구]도 …보다 더 ~하지 않은'의 최상급의 의미는 「No (other)+단수명사 ~ 비교급+than」으로 나타낸다.

18 Not wanting to be late

해석 우리는 지각하고 싶지 않아서, 버스정류장으로 뛰었다.

해설 분사구문 앞에 부정어 Not을 쓰고 동사 want를 현재분사 형태인 wanting으로 바꿔 쓴다.

19 covered

해석 나의 할아버지는 모자가 눈에 덮인 채로 집에 오셨다.

해설 「with+목적어+분사」는 '~이 …한[된] 채로'의 의미이며, 명사 his hat과 분사가 수동 관계이므로, 빈칸에는 과거분사 covered로 써야 한다.

20 I do believe what Brian told me.

해설 일반동사 believe 앞에 조동사 do를 써서 '정말 믿는다'라는 강조의 의미를 나타낸다. 'Brian이 내게 말한 것'은 선행사를 포함한 관계대명사 what 뒤에 주어와 동사를 쓴다.

NELT 문법 실전 모의고사 4회

01	⑤	02	③	03	⑤	04	④	05	①
06	③	07	②	08	④	09	①	10	③
11	③	12	①	13	④	14	①	15	④

16 To begin with 17 It was his love for singing that made his dream come true. 18 neither was I 19 the place 20 wherever

01 ⑤

해석 • 그들이 거리에서 싸우고 있는 것이 목격되었다. • 나는 엄마에 의해 마당을 청소하도록 시켜졌다.

해설 • 지각동사의 목적격보어로 쓰인 현재분사는 수동태에서 현재분사 fighting 그대로 쓴다. • 사역동사 make의 목적격보어로 쓰인 원형부정사는 수동태에서 to부정사인 to clean으로 쓴다.

02 ③

해석 그의 여자친구는 그보다 훨씬 더 나이가 많다.

해설 ③ much는 비교급을 강조하는 부사이다.

03 ⑤

해석 ① 이곳은 그들이 사진을 찍었던 공원이다. ② 그는 기자들이 기다리고 있는 방으로 걸어 들어갔다. ③ 수사관은 화재가 시작된 지점을 찾아냈다. ④ 나는 수천 명의 사람들이 일하는 공장에서 일한다. ⑤ 그는 보트에 벼락이 떨어진 순간을 기억했다.

해설 ⑤의 빈칸에는 선행사가 시간을 나타내는 the moment 이므로 관계부사 when이 들어가고, 나머지에는 모두 선행사가

장소를 나타내는 말이므로 관계부사 where가 들어간다.

04 ④

해석 우리 아빠가 두 개의 우산을 구입하셨다. 한 개는 나를 위한 것이고 다른 하나는 내 남동생을 위한 것이었다.

해설 ④ 부정대명사 구문에서 하나는 one, 나머지 다른 하나는 the other로 나타낸다.

05 ①

해석 a. 다리를 가능한 한 높이 들어올려라. b. 새 극장은 예전 것보다 세 배 더 크다. (c. 운동장에서 뛰고 있는 저 아이들은 누구니?) (d. 머물 장소를 찾고 나서, 우리는 식사할 곳을 찾았다.)

해설 a. '가능한 한 ~한[하게]'을 나타내는 「as+원급+as+주어+can」 구문이다.
b. '~보다 몇 배 …한[하게]'을 나타내는 「배수사+비교급+than」 구문이 쓰였다.
c. 아이들이 '달리는' 것이므로 run 대신 현재분사 running이 와야 한다. d. 주절보다 먼저 일어난 일을 나타내므로 Found 대신 Having found가 되어야 한다.

06 ③

해석 Kate와 나는 둘 다 청바지를 입고 있다.

해설 ③ 「both A and B」는 'A와 B 둘 다'의 의미로, 항상 복수 취급하므로 동사는 복수형으로 써야 한다. 따라서, 빈칸에는 are가 들어가야 한다.

07 ②

해석 ① 솔직히 말해서, 나는 새 커튼이 마음에 들지 않는다. ② 엄밀히 말해서, 이것은 법에 어긋난다. ③ 그의 나이를 고려하면, 그 아이는 매우 영리하다. ④ 일반적으로 말해서, 대중교통이 더 저렴하다. ⑤ 그의 지저분한 방으로 판단하건대, 그는 게으른 것이 틀림없다.

해설 ② strictly speaking은 '엄밀히 말해서'라는 뜻의 비인칭 독립분사구문이다.

08 ④

해석 • 손님들을 위해 준비된 음식을 마음껏 드세요. • Lue 씨는 이 세대 최고의 작곡가라고 말해진다.

해설 • 손님들을 위해 '준비된' 음식이므로 빈칸에는 수동의 의

미인 과거분사 prepared가 들어가야 한다. • 목적어가 that 절인 문장에서 that절의 주어를 사용하여 수동태 문장을 만들 때, 「that절의 주어+be v-ed+to-v」의 형태로 쓴다. 따라서 빈 칸에는 to be가 들어가야 한다.

09 ①
해설 ① '~하는 것에 익숙하다'는 「be used to v-ing」로 나타 내므로, eat을 eating으로 바꿔야 한다. 「be used to-v」는 '~ 하는 데 사용되다'의 의미이다.

10 ③
해석 ① 나는 해외로 여행가 본 적이 전혀 없다. ② 너는 구운 칠 면조를 먹어본 적이 있니? ③ David는 음악을 공부하기 위해 뉴 욕으로 갔다. ④ 그들은 전에 놀이공원에 가본 적이 있다. ⑤ 나 는 무지개를 한 번 본 적이 있다.
해설 ③은 결과를 나타내는 현재완료이고, 나머지는 모두 경험 을 나타내는 현재완료로 쓰였다.

11 ③
해석 • 내가 바쁘지 않았더라면, 나는 식에 참석할 수 있었을 텐데. • 어둠 속에 앉아 있는 저 남자는 Morris 씨이다.
해설 • 과거 사실과 반대되는 가정을 하는 가정법 과거완료 이므로 「If+주어+had v-ed, 주어+조동사의 과거형+have v-ed」로 나타낸다. • 선행사가 사람일 때, 주격 관계대명사는 who 또는 that을 쓸 수 있다.

12 ①
해석 ① 잠시만 기다려 주시겠습니까? ② 나는 문 밖에서 기다리 고 있는 Jenny를 보았다. ③ 그 아이는 다음 버스를 끈기 있게 기다리며 앉아 있었다. ④ 줄을 서서 기다리는 사람들이 표를 가 지고 있는지 확인해라. ⑤ 자기 차례를 기다리는 면접자들은 긴 장되어 보였다.
해설 ①은 문장에서 동사 mind의 목적어 역할을 하는 동명사 이고, 나머지는 모두 현재분사이다.

13 ④
해석 이 사이트는 새로운 서버로 옮겨졌다.
해설 주어인 This site가 '옮겨지는' 것이므로 수동태로 표현해 야 하며, 보기 중 알맞은 수동태의 형태는 완료형 수동태인 ④이 다.

14 ①
해석 _____ 물어봐도 될까요? (① 그가 누구인지) ② 그 소문이 사실인지 ③ 그녀의 생일이 언제인지 ④ 우체국이 어디인 지 ⑤ 그녀가 여기로 올지
해설 의문사가 있는 의문문이 간접의문문으로 쓰일 경우 「의문 사+주어+동사」의 어순으로 써야 하므로 ①은 who he is가 되 어야 한다.

15 ④
해석 ① 그는 그 뮤직비디오를 보지 말았어야 했다. ② 그는 그 뮤직비디오를 본 게 틀림없다. ③ 그는 그 뮤직비디오를 보지 않 았을지도 모른다. ④ 그가 그 뮤직비디오를 봤을 리가 없다. ⑤ 그 는 그 뮤직비디오를 보지 않는 것이 좋다.
해설 ④ '~이었을 리가 없다'라는 뜻의 과거 사실에 대한 강한 부 정은 「cannot have v-ed」로 나타낸다.

16 To begin with
해설 '우선, 먼저'는 독립부정사 to begin with로 나타낸다.

17 It was his love for singing that made his dream come true.
해설 주어진 우리말의 '~했던 것은 바로 …였다'는 「It was ~ that」 강조 구문으로 나타낼 수 있는데, 강조하고 싶은 말인 '노 래에 대한 그의 사랑'인 his love for singing을 It was와 that 사이에 넣고, 나머지는 that 다음에 이어서 쓴다.

18 neither was I
해설 부정문에 '~도 또한 그렇지 않다'의 의미로 대답할 때는 「neither+동사+주어」로 쓴다. 앞 문장에 be동사의 과거형이 쓰 였고 주어가 I이므로 동사는 was를 쓴다.

19 the place
해석 교토는 내가 일본 문화에 관해 배운 장소이다.
해설 장소를 나타내는 선행사(the place)나 관계부사 where 중 하나를 생략할 수 있으며, 2단어로 써야 하므로 the place 가 되어야 한다.

20 wherever

해설 장소의 부사절을 이끄는 복합관계부사 wherever(~하는 곳은 어디든지)가 들어가는 것이 적절하다.

NELT 문법 실전 모의고사 5회

01	②	02	⑤	03	④	04	④	05	③
06	②	07	③	08	⑤	09	④	10	③
11	③	12	②	13	③	14	④	15	③

16 the best cake I have ever tasted **17** by → with **18** should have woken up **19** The more we exercise, the healthier we become. **20** It was a movie about the universe that we watched last night.

01 ②

해석 • 많은 도시에서 새의 수가 줄어들고 있다. • 나는 물이 수소와 산소로 이루어져 있다는 것을 배웠다.

해설 • 「the number of+복수명사」는 '~의 수'라는 의미이고 단수 취급 하므로 빈칸에는 is 또는 was가 들어갈 수 있다. • 과학적 사실은 주절의 시제와 관계 없이 항상 현재시제를 쓰므로 is가 들어가야 한다.

02 ⑤

해석 ① 사람들은 그 소문이 사실이라고 믿는다. → 그 소문은 사실이라고 믿어진다. ② 이 씨는 그 사건을 조사해 왔다. → 그 사건은 이 씨에 의해 조사되어 왔다. ③ 웨이터가 손님들에게 음식을 제공하고 있다. → 손님들은 웨이터에 의해 음식을 제공받고 있다. ④ 그 형사는 한 남자가 가방을 버리는 것을 봤다. → 한 남자가 가방을 버리는 것이 형사에 의해 목격되었다. ⑤ 사람들은 그녀가 20세기 최고의 작가라고 말한다. (→ 그녀는 20세기 최고의 작가라고 말해진다.)

해설 ⑤ that절의 주어가 문장의 주어로 쓰이는 수동태를 만들 경우, 「주어+be v-ed+to-v」의 형태가 되어야 하므로 be를 to be로 고쳐야 한다.

03 ④

해설 ④ '~하지 않는 게 좋겠다'는 had better의 부정형인 had better not으로 나타낸다.

04 ④

해설 ④ '만약 ~하지 않으면'은 if ~ not으로 나타낼 수 있다.

05 ③

해석 ① 그녀가 작가가 되었다는 것은 놀라웠다. ② 그가 겨우 스무 살이라는 것은 믿기 어렵다. ③ 그것은 그가 1980년대에 작곡한 유일한 노래다. ④ 유인원이 우리처럼 도구를 사용할 수 있다는 것이 놀랍지 않은가? ⑤ 그가 금고에서 뭔가를 훔친 것은 명백하다.

해설 ③은 선행사 the only song을 수식하는 목적격 관계대명사이고, 나머지는 모두 명사절을 이끄는 종속접속사이다.

06 ②

해석 개가 나에게 짖어서, 나는 도망갔다.

해설 ② 부사절의 주어 the dog와 주절의 주어 I가 다르므로, 부사절의 주어인 the dog를 남겨둔 채 분사구문을 만들어야 한다.

07 ③

해석 ① 금색 버클이 있는 그 핸드백은 비싸다. ② 그는 여동생이 요리사인 남자이다. ③ 너는 내가 뿌리곤 했던 것과 똑같은 향수를 샀다. ④ Leo는 영화에서 로미오 역할을 했던 배우다. ⑤ Karen은 내 사무실을 나와 함께 쓰는 사람이다.

해설 ③ 목적격 관계대명사는 생략 가능하다.

08 ⑤

해석 그 짧은 소설은 알려지지 않은 작가에 의해 쓰였다.

해설 ⑤ 뒤에 행위자를 의미하는 by가 있으며 주어인 The short story는 '쓰여지는' 것이므로 was written이 적절하다.

09 ④

해석 ① 아기가 울 때마다 나는 무엇을 해야 할지 모르겠다. ② 너는 이 기계를 어떻게 끄는지 아니? ③ 너와 Max는 너희들이 어디서 만날지 결정했니? (④ 내가 너에게 집에서 언제 떠나야 하는지 말해줄게.) ⑤ 그녀는 지금 당장 그에게 그녀가 뭐라고 말해야 할지 모른다.

해설 ④ when leave를 when to leave 등으로 고쳐야 한다.

10 ③
해석 나는 아침에 일찍 일어나는 것을 _____.
해설 ③ want는 to부정사를 목적어로 취하는 동사이므로 빈칸에 들어갈 수 없다.

11 ③
해석 Ted는 건강에 신경 쓰기 때문에 술도 마시지 않고 담배도 피우지 않는다.
해설 ③ 'A도 B도 아닌'은 「neither A nor B」로 쓴다.

12 ②
해석 ① 나는 내 딸이 우리를 위해 스파게티를 요리하는 것을 알았다. (② 집에 음식이 없어서, 우리는 외식을 하기로 결정했다.) ③ 창문 밖을 보고, 나의 개는 짖기 시작했다. ④ 샤워한 후에, 나는 물 한 잔을 마셨다. ⑤ 결혼식에 초대 받은 대부분의 사람들은 그의 직장 동료였다.
해설 ② 분사구문의 부정은 분사 앞에 부정어 not이나 never 등을 써야 하므로 Having not을 Not having으로 고쳐야 한다.

13 ③
해설 ③ 과거에 눈이 더 오지 않았던 일이 현재에 영향을 미치고 있으므로 「If+주어+had v-ed, 주어+조동사의 과거형+동사원형」 형태의 혼합가정법을 써야 한다. 따라서 빈칸에는 would go가 적절하다.

14 ④
해석 ① 언니가 "나는 살을 빼기 위해 매일 운동할 거야."라고 말했다. → 언니는 그녀가 살을 빼기 위해 매일 운동할 거라고 말했다. ② Leo는 상사에게 "저는 오늘 그 일을 끝낼 수 없습니다."라고 말했다. → Leo는 상사에게 그가 그 일을 그날 끝낼 수 없다고 말했다. ③ 선생님께서 우리에게 "교실에서 휴대전화를 사용하지 마라."라고 말씀하셨다. → 선생님께서 우리에게 교실에서 휴대전화를 사용하지 말라고 말씀하셨다. ④ 나는 그녀에게 "가장 가까운 은행이 어디 있죠?"라고 물었다. (→ 나는 그녀에게 가장 가까운 은행이 어디인지 물었다.) ⑤ 그는 나에게 "너는 중국에 가본 적이 있니?"라고 물었다. → 그는 나에게 내가 중국에 가

본 적이 있는지 물었다.
해설 ④ 의문문의 직접화법을 간접화법으로 전환할 때, 종속절의 인칭대명사와 동사를 문맥과 시제에 맞게 바꾸고 「의문사+주어+동사」의 어순으로 써야 하므로 is the nearest bank는 the nearest bank was가 되어야 한다.

15 ③
해설 ③ 주절의 동사는 과거형인 acted로 나타내고, 주절과 같은 시제의 일을 가정하며 '마치 ~인 것처럼'의 의미를 나타내는 「as if+주어+동사의 과거형」의 형태로 쓴다.

16 the best cake I have ever tasted
해설 '(주어가) 지금까지 ~한 것 중 가장 …한'을 뜻하는 「the+최상급+명사(+that)+주어+have ever v-ed」의 형태로 쓴다.

17 by → with
해석 (Justin의 새 앨범은 그의 삶에 대한 곡들로 가득 차 있다.)
해설 '~로 가득 차다'는 be filled with이므로, by를 with로 고쳐야 한다.

18 should have woken up
해설 '~했어야 했다 (그러나 하지 않았다)'라는 의미의 과거 사실에 대한 후회나 유감은 「should have v-ed」로 나타낸다.

19 The more we exercise, the healthier we become.
해설 '…하면 할수록 더 ~하다'는 「the+비교급, the+비교급」 구문으로 나타낸다.

20 It was a movie about the universe that we watched last night.
해석 우리는 어젯밤에 우주에 대한 영화를 봤다.
해설 과거에 일어난 일을 나타내고 있으므로 be동사는 was를 쓰고, It was와 that 사이에 강조하고자 하는 말인 a movie about the universe를 넣어서 강조 구문을 완성한다.

01	⑤	02	④	03	⑤	04	②	05	⑤
06	③	07	④	08	③	09	④	10	④
11	③	12	⑤	13	③	14	③	15	④

16 will have taken **17** was found sleeping on the couch **18** three times more expensive **19** But for my coach, I wouldn't have won **20** Do you know whether she also likes basketball?

01 ⑤

해석 ① 네가 아무리 빨리 달릴지라도, 너는 경주에서 이길 수 없다. ② 그가 무엇을 말하더라도, 그를 믿지 말아라. ③ 나의 개는 내가 가는 곳은 어디든지 나를 따라온다. ④ 네가 언제 나를 필요로 하더라도, 나는 너의 곁에 있을 것이다. ⑤ 당신이 좋아하는 것은 어느 것이든 자유롭게 고르세요.

해설 ⑤ whichever는 '~하는 것은 어느 것이든'의 의미로 명사절을 이끄는데, no matter which는 '어느 것을 ~하더라도'의 의미로 부사절을 이끌기 때문에 서로 바꿔 쓸 수 없으며 밑줄 친 부분은 anything which로 바꿔 쓸 수 있다.

02 ④

해석 보기 이것은 우리 동네에서 촬영된 영화이다. ① 나는 회의가 있다는 것을 잊었다. ② Jake가 수업에 빠졌다는 것은 이상했다. ③ 나는 경기에서 아무도 다치지 않기를 바란다. ④ 무료 강좌를 제공하는 몇몇 웹사이트들이 있다. ⑤ 그녀는 내게 내 생일 파티에 올 수 없다고 말했다.

해설 보기와 ④는 앞의 선행사를 수식하는 주격 관계대명사이다. 나머지는 모두 명사절을 이끄는 종속접속사로 ①, ③, ⑤는 목적어, ②는 진주어로 쓰였다.

03 ⑤

해석 ① 이것은 내가 지금까지 먹어본 국수 중 최악이다! ② 그 어떤 동물도 대왕고래만큼 크지 않다. ③ 그 어떤 것도 참된 우정보다 더 중요하지 않다. ④ 짜증스러운 소리가 시험 동안 학생들을 방해했다. (⑤ 고객은 팔을 꼰 채로 제품에 대해 항의했다.)

해설 「with+목적어+분사」 구문에서 목적어와 분사의 관계가 수동이므로 현재분사 crossing 대신 과거분사 crossed가 와

야 한다.

04 ②

해석 • 그 남자는 자기 이름을 말하는 것을 거부했다. • 오늘 밤 영화를 보러 갈 수 없다고 말하게 되어 유감이다.

해설 • refuse는 to부정사를 목적어로 쓴다. • regret은 to부정사와 동명사를 모두 목적어로 쓸 수 있지만 문맥상 '~하게 되어 유감이다'라는 뜻이 되어야 하므로, 빈칸에는 to부정사인 to say가 들어가야 한다.

05 ⑤

해설 ⑤ 목적어가 that절인 문장의 수동태는 「It+be동사+v-ed that ~」으로 쓸 수 있다. 주어진 우리말이 '아이스하키는 ~라고 믿어진다'이므로 문장의 동사는 is believed, that절의 주어는 ice hockey로 써야 한다.

06 ③

해석 나이 든 여성을 도와주다니 너는 정말 친절했다.

해설 ③ nice는 사람의 성격이나 성질에 대한 주관적 평가를 나타내는 형용사이므로, to부정사의 의미상의 주어를 「of+목적격」의 형태로 나타낸다.

07 ④

해설 ④ 빈칸에는 '설상가상으로'에 해당하는 독립부정사인 To make matters worse가 들어가야 한다.

08 ③

해석 나는 카페에 갔다. 그런데 그곳에 사람이 너무 많아서, 그것이 나를 짜증나게 했다.

해설 ③ 앞의 절 전체를 선행사로 하는 계속적 용법의 관계대명사 which가 온다.

09 ④

해설 ④ 주어진 우리말의 '~했더라면, …했을 텐데'는 「If+주어+had v-ed, 주어+조동사의 과거형+have v-ed」 형태의 가정법 과거완료로 나타낸다.

10 ④

해석 · 그 개는 주인에게 신문을 가져다주도록 시켜졌다. · 노부인이 도와달라고 소리치는 것이 들렸다.

해설 · 사역동사의 목적격보어로 쓰인 원형부정사는 수동태 문장에서는 to부정사로 바꾸어야 한다. · 지각동사의 목적격보어로 쓰인 현재분사는 수동태 문장에서 그대로 쓴다.

11 ③

해석 a. 내가 온라인에서 산 원피스는 나에게 맞지 않았다. (b. 이것은 엘리자베스 여왕이 머물렀던 호텔이다.) (c. 내가 어디에 있는지 몰라서 나는 걷기 시작했다.) d. 이 지도 앱을 사용하면, 너는 길을 쉽게 찾을 수 있다.

해설 a. 선행사 The dress를 수식하는 목적격 관계대명사 that이 쓰인 것은 적절하다. d. 부사절에서 조건을 나타내는 접속사 If와 주어 you가 생략된 형태의 분사구문이다.
b. which를 관계부사 where나 「전치사+관계대명사」 형태인 in which로 고쳐야 한다. 또는 문장 맨 끝에 in을 쓸 수도 있다.
c. Knowing not을 Not knowing으로 고쳐야 한다.

12 ⑤

해석 ① 그녀는 그 코트를 입으니 정말 근사해 보인다. ② 나는 정말 거리에서 연우와 Jaden을 보았다. ③ 그는 정말 진실을 알지만, 그것을 나에게 말하지 않을 것이다. ④ 그들은 네가 너의 결정을 후회할 거라고 정말 생각한다. ⑤ 내가 자고 있는 동안에 언니가 설거지를 했다.

해설 ⑤의 밑줄 친 부분은 '설거지를 하다'라는 표현 do the dishes에서 일반동사 do의 과거형이고, 나머지는 모두 동사를 강조하는 do[does/did]이다.

13 ③

해설 ③「not+every」형태의 부분 부정은 '모두 ~인 것은 아니다'로 해석한다.

14 ③

해석 나는 그렇게 지루한 영화를 본 적이 없다.

해설 ③ Never와 같은 부정어가 문장 맨 앞에 올 경우, 「부정어+동사+주어」의 어순으로 쓰는데 현재완료이므로 「Never+have+주어+v-ed」로 쓴다. Never가 이미 부정의 의미를 이미 포함하고 있으므로 not과 함께 쓰지 않는다.

15 ④

해석 ① 잠이 들어서 그녀는 TV 쇼를 놓쳤다. ② 네 일을 끝마친 후에 너는 네 방 청소를 해야 한다. ③ 추워서 Susan은 코트를 입었다. ④ 돈이 충분히 없어서 나는 티켓을 살 수 없다. ⑤ Mark의 이름을 부르면서 Bob은 교실로 들어왔다.

해설 ④ 단순 분사구문이 쓰인 것으로 보아, 부사절과 주절의 시제가 같으므로 haven't had를 현재시제 don't로 고쳐야 한다.

16 will have taken

해석 (Kelly가 다시 시도한다면, 그녀는 운전 시험을 세 번 보게 될 것이다.)

해설 Kelly가 다시 시험을 보는 미래의 시점에 완료될 일을 나타내고 있으므로, 미래완료 시제로 써야 한다. 따라서 현재완료 has taken을 미래완료 will have taken으로 고쳐야 한다.

17 was found sleeping on the couch

해석 우리 아빠는 내가 소파에서 자고 있는 것을 발견하셨다.

해설 동사가 found인 5형식 문장을 수동태로 전환하는 경우이므로, 현재분사 형태의 목적격보어 sleeping을 그대로 쓴다.

18 three times more expensive

해석 Hotel A는 1박에 25달러이다. + Hotel B는 1박에 75달러이다. → Hotel B는 Hotel A보다 세 배 더 비싸다.

해설 25달러인 Hotel A보다 75달러인 Hotel B가 세 배 더 비싸므로 「배수사+비교급+than」을 사용하여 three times more expensive로 쓸 수 있다.

19 But for my coach, I wouldn't have won

해설 '~이 없었더라면 …했을 것이다'라는 의미의 가정법 과거완료 「But for ~, 주어+조동사의 과거형+have v-ed」로 나타낸다.

20 Do you know whether she also likes basketball?

해석 너는 아니? + 그녀는 농구도 좋아하니?

해설 의문사가 없는 의문문의 간접의문문이므로, 「whether+주어+동사」의 어순으로 써야 한다.

NELT 문법 복습 모의고사 1회

01	⑤	02	③	03	②	04	④	05	⑤
06	④	07	⑤	08	⑤	09	③	10	②
11	①	12	②	13	⑤	14	⑤	15	③

16 visiting his uncle 17 Do you know whether she also likes basketball? 18 None of us bought a new smartphone 19 It was a movie about the universe that we watched last night.
20 Having finished dinner

NELT 문법 복습 모의고사 2회

01	②	02	②	03	③	04	③	05	①
06	④	07	④	08	③	09	③	10	④
11	④	12	②	13	①	14	③	15	④

16 Whoever 17 three times more expensive
18 keep your dog from barking 19 covered
20 the place

MEMO

MEMO

NE능률 교재 MAP

아래 교재 MAP을 참고하여 본인의 현재 혹은 목표 수준에 따라 교재를 선택하세요.
NE능률 교재들과 함께 영어실력을 쑥쑥~ 올려보세요!
MP3 등 교재 부가 학습 서비스 및 자세한 교재 정보는 www.nebooks.co.kr 에서 확인하세요.

문법 구문

초1-2	초3	초3-4	초4-5	초5-6
	그래머버디 1	그래머버디 2	그래머버디 3	Grammar Bean 3
	초등영어 문법이 된다 Starter 1	초등영어 문법이 된다 Starter 2	Grammar Bean 1	Grammar Bean 4
		초등 Grammar Inside 1	Grammar Bean 2	초등영어 문법이 된다 2
		초등 Grammar Inside 2	초등영어 문법이 된다 1	초등 Grammar Inside 5
			초등 Grammar Inside 3	초등 Grammar Inside 6
			초등 Grammar Inside 4	NELT 문법 실전 모의고사 3
			NELT 문법 실전 모의고사 2	

초6-예비중	중1	중1-2	중2-3	중3
능률중학영어 예비중	능률중학영어 중1	능률중학영어 중2	Grammar Zone 기초편	능률중학영어 중3
Grammar Inside Starter	Grammar Zone 입문편	1316 Grammar 2	Grammar Zone 워크북 기초편	문제로 마스터하는 중학영문법 3
원리를 더한 영문법 STARTER	Grammar Zone 워크북 입문편	문제로 마스터하는 중학영문법 2	1316 Grammar 3	Grammar Inside 3
	1316 Grammar 1	Grammar Inside 2	원리를 더한 영문법 2	열중 16강 문법 3
	문제로 마스터하는 중학영문법 1	열중 16강 문법 2	중학영문법 총정리 모의고사 2	중학영문법 총정리 모의고사 3
	Grammar Inside 1	원리를 더한 영문법 1	쓰기로 마스터하는 중학서술형 2학년	쓰기로 마스터하는 중학서술형 3학년
	열중 16강 문법 1	중학영문법 총정리 모의고사 1	중학 천문장 3	NELT 문법 실전 모의고사 6
	쓰기로 마스터하는 중학서술형 1학년	중학 천문장 2	NELT 문법 실전 모의고사 5	
	중학 천문장 1	NELT 문법 실전 모의고사 4		

예비고-고1	고1	고1-2	고2-3	고3
문제로 마스터하는 고등영문법	Grammar Zone 기본편 1	필히 통하는 고등 영문법 실력편	Grammar Zone 종합편	
올클 수능 어법 start	Grammar Zone 워크북 기본편 1	필히 통하는 고등 서술형 실전편	Grammar Zone 워크북 종합편	
천문장 입문	Grammar Zone 기본편 2	TEPS BY STEP G+R Basic	올클 수능 어법 완성	
	Grammar Zone 워크북 기본편 2		천문장 완성	
	필히 통하는 고등 영문법 기본편			
	필히 통하는 고등 서술형 기본편			
	천문장 기본			
	NELT 문법 실전 모의고사 7			

수능 이상/ 토플 80-89· 텝스 600-699점	수능 이상/ 토플 90-99· 텝스 700-799점	수능 이상/ 토플 100· 텝스 800점 이상		
TEPS BY STEP G+R 1	TEPS BY STEP G+R 2	TEPS BY STEP G+R 3		

한국교육과정 기준
iBT 영어 레벨테스트

NE 능률

NELT

Neungyule English Level Test

문법 실전
모의고사

LEVEL **6**

NELT
Neungyule English Level Test

문법 실전 모의고사

LEVEL 6

STUDY BOOK

01 미래완료

다음 중 빈칸에 알맞은 것을 고르시오.

> They _____ the construction by 2028.

① finish
② finishing
③ have finished
④ were finished
⑤ will have finished

미래완료

「will have v-ed」의 형태로 쓰며, 미래의 특정 시점까지 완료되거나 그 이전에 완료될 것으로 예상되는 일을 나타낸다.

She **will have finished** her homework by two o'clock.

핵심 by 2028를 통해 미래 시점의 일임을 알 수 있다.

---

02 「조동사+have v-ed」의 의미

다음 대화의 빈칸에 알맞은 말을 고르시오.

> A: I felt worse when I woke up this morning.
> B: _____ a doctor yesterday.

① You can see
② You may see
③ You must see
④ You should have seen
⑤ You cannot have seen

「조동사+have v-ed」의 의미

「조동사+have v-ed」 형태로 과거의 일에 대한 후회나 유감, 가정, 추측 등을 나타낸다.

may have v-ed	~이었을지도 모른다 〈과거 사실에 대한 약한 추측〉
must have v-ed	~이었음이 틀림없다 〈과거 사실에 대한 강한 추측〉
cannot[can't] have v-ed	~이었을 리가 없다 〈과거 사실에 대한 강한 부정〉
should have v-ed	~했어야 했다(그러나 하지 않았다) 〈과거 사실에 대한 후회나 유감〉

핵심 문맥상 과거 사실에 대한 후회나 유감을 나타내는 표현이 들어가는 것이 적절하다.

03 종속접속사 when / 관계부사 when

다음 중 보기 의 밑줄 친 부분과 쓰임이 다른 것을 고르시오.

> 보기 When I was young, I worked at the library.

① Come down to the hall when I call you.
② When I see her again, I will ask her name.
③ June 3 is the date when my son was born.
④ Lily feels nervous when she is in a dark place.
⑤ Please call me when you arrive at the station.

종속접속사 when

when(~ 할 때)은 시간을 나타내는 부사절을 이끄는 종속접속사이다. when 외에 시간을 나타내는 종속접속사에는 as(~할 때, ~하면서), while(~하는 동안에), before(~ 전에), after(~ 후에), until[till](~할 때까지), since(~ 이래로) 등이 있다.

관계부사 when

관계부사는 선행사를 수식하는 절을 이끌어 「접속사+부사」의 역할을 하며 「전치사+선행사」를 대신한다.
선행사가 시간을 나타내는 the time, the day, the year 등일 때 관계부사 when을 쓸 수 있으며, 선행사와 관계부사 when은 함께 쓰거나 둘 중 하나를 생략할 수 있다.
Do you remember *the moment* when we first met?

핵심 주어진 문장의 when은 '~할 때'의 의미로 시간의 부사절을 이끄는 종속접속사이다.

04 간접의문문

다음 두 문장을 한 문장으로 만든 것으로 알맞은 것을 고르시오.

> Do you know? + How did he escape from jail?

① Do you know he escaped from jail?
② Do you know did he escape from jail?
③ Do you know how he escaped from jail?
④ Do you know how did he escape from jail?
⑤ Do you know whether he escaped from jail?

간접의문문

의문문이 종속절처럼 다른 문장의 일부로 쓰일 때, 이것을 간접의문문이라고 한다. 의문사가 있는 경우 간접의문문은 「의문사+주어+동사」의 어순으로 쓰며, 의문사가 없는 경우 「if[whether]+주어+동사」의 어순으로 쓴다.
Please tell me **how I can remove** this computer virus.
← Please tell me. + How can I remove this computer virus?

핵심 의문사가 있는 간접의문문의 어순은 「의문사+주어+동사」이다.

05 전체 부정과 부분 부정 /「It is[was] ~ that ...」강조 구문

다음 중 문장의 해석으로 옳지 <u>않은</u> 것을 고르시오.

① None of them have experience in this field.
→ 그들 중 누구도 이 분야에 경험이 없다.

② It was due to the rain that the party was canceled.
→ 파티가 취소된 것은 바로 비 때문이었다.

③ The medicine does not always work well.
→ 그 약은 항상 효과가 없다.

④ Neither of us had a key, so we waited outside.
→ 우리 중 아무도 열쇠가 없어서 우리는 밖에서 기다렸다.

⑤ It was in New Orleans that jazz music first appeared.
→ 재즈 음악이 처음 등장한 것은 바로 뉴올리언스에서였다.

06 동명사의 관용 표현

다음 중 빈칸에 알맞은 것을 고르시오.

We look forward to _____ you in person soon.

① meet　　　　　② met
③ meeting　　　 ④ have met
⑤ to meeting

전체 부정

no, none, neither 등을 써서 '아무(것)도[결코] ~하지 않다'라는 전체 부정의 의미를 나타낸다.
None of my classmates have had the experience of going abroad.
Neither of us knew much about the American Civil War.

부분 부정

all, every, always 등이 not과 함께 쓰여 '모두[항상] ~인 것은 아니다'라는 부분 부정의 의미를 나타낸다. 이때 주로 「not+all[every/always]」의 형태로 쓴다.
I'm **not always** thinking about my girlfriend.
Not every country has its own language.

「It is[was] ~ that ...」강조 구문

강조하고자 하는 말을 It is[was]와 that 사이에 두고, 나머지는 that 이하에 써서 '…한 것은 바로 ~이다'라는 의미를 나타낸다. 사람을 강조할 때는 that 대신 who를 쓸 수 있다.
Alex will be playing the piano at Anna's wedding.
→ **It is** *Alex* **that[who]** will be playing the piano at Anna's wedding. 〈Alex 강조〉
→ **It is** *the piano* **that** Alex will be playing at Anna's wedding. 〈the piano 강조〉
→ **It is** *at Anna's wedding* **that** Alex will be playing the piano. 〈at Anna's wedding 강조〉

핵심 not always는 '항상 ~인 것은 아니다'라는 의미의 부분 부정을 나타낸다.

동명사의 관용 표현

- go v-ing: ~하러 가다
- be busy v-ing: ~하느라 바쁘다
- feel like v-ing: ~하고 싶다
- have difficulty v-ing: ~하는 것에 어려움을 겪다
- look forward to v-ing: ~하기를 고대하다
- cannot help v-ing: ~하지 않을 수 없다

핵심 '~하기를 고대하다'는 「look forward to v-ing」로 나타낸다.

07 to부정사를 목적어로 취하는 동사 / 원형부정사를 목적격보어로 취하는 동사

다음 중 빈칸에 **to**를 쓸 수 <u>없는</u> 것을 고르시오.

① I pretended _____ like his food.
② I don't expect you _____ believe me.
③ Would you help me _____ do the dishes?
④ I was planning _____ have a surprise party.
⑤ His boss made him _____ meet the deadline.

to부정사를 목적어로 취하는 동사

want, agree, decide, hope, expect, learn, pretend, promise, plan, refuse, wish, need 등

원형부정사를 목적격보어로 취하는 동사

사역동사(make, have, let)는 목적격보어로 원형부정사를 취한다. 단, have의 목적어와 목적격보어가 수동 관계일 때는 과거분사를 쓴다.
He **made** his son **wash** the dishes.
He **had** his computer **fixed**.

지각동사(see, watch, hear, smell, feel, look at, listen to 등)는 목적격보어로 원형부정사를 취한다. 단, 지각동사의 목적어와 목적격보어가 의미상 능동 관계이면서 목적어의 동작이 진행 중임을 강조할 때는 현재분사를 쓴다.
I **saw** her **play[playing]** the violin.

준사역동사 help는 목적격보어로 원형부정사와 to부정사 둘 다 취할 수 있다.
This book will **help** him **(to) make** better decisions.

핵심 사역동사 make는 목적격보어로 원형부정사를 쓴다.

08 혼합가정법

다음 두 문장을 한 문장으로 만들 때 빈칸에 들어갈 말을 고르시오.

> I didn't have dinner. + That's why I'm hungry now.
> → If I had had dinner, _____.

① I am not hungry now
② I won't be hungry now
③ I wouldn't be hungry now
④ I wouldn't had been hungry now
⑤ I wouldn't have been hungry now

혼합가정법

혼합가정법은 과거에 실현되지 못한 일이 현재까지 영향을 미칠 때 쓰며, '만약 (과거에) ~했다면, (현재) …할 텐데'라는 의미를 나타낸다. 주절과 종속절의 시제가 일치하지 않으며, 주로 「If+주어+had v-ed, 주어+조동사의 과거형+동사원형」의 형태로 나타낸다.

If I **had not missed** my flight, I **would be** in Italy now.
(← As I missed my flight, I'm not in Italy now.)

핵심 과거에 실현되지 못한 일이 지금까지 영향을 미치는 내용이므로 「If+주어+had v-ed, 주어+조동사의 과거형+동사원형」으로 나타낸다.

09 수동태의 여러 형태

다음 능동태 문장을 수동태로 바꾼 것 중 어법상 **틀린** 것을 고르시오.

① I saw her cross the road.
  → She was seen to cross the road by me.
② She is knitting a sweater for the baby.
  → A sweater is being knitted for the baby.
③ They made the robot walk and dance.
  → The robot was made walk and dance by them.
④ Many students look up to Professor Grey.
  → Professor Grey is looked up to by many students.
⑤ Westerners believe that Friday the 13th is unlucky.
  → Friday the 13th is believed to be unlucky by Westerners.

10 독립부정사 / 사역동사와 지각동사의 목적격보어

다음 중 어법상 **틀린** 것을 고르시오.

① To tell the truth, I don't like Jack.
② The love story makes people cry.
③ Have you ever heard Jason to sing?
④ I got my friends to come to my home.
⑤ Needless to say, Nari is my best friend.

수동태의 여러 형태

진행형 수동태
진행형 수동태는 「be동사+being v-ed」의 형태로 쓴다.
The walls **are being painted** by my friends.

「make+목적어+목적격보어」의 수동태
사역동사 중 make만 수동태로 쓸 수 있으며, 이때 목적격보어로 쓰인 원형부정사는 수동태 문장에서는 to부정사로 바꾼다.
I **was made to feel** better by this movie.

「지각동사+목적어+목적격보어」의 수동태
5형식 문장에서 지각동사의 목적격보어로 쓰인 현재분사는 수동태 문장에서 그대로 쓰고, 원형부정사가 쓰였을 때는 to부정사로 바꾼다.
She **was seen riding[to ride]** a bike.

동사구의 수동태
동사구는 하나의 동사로 취급하므로, 동사구에 포함된 부사나 전치사는 수동태 문장에서도 그대로 쓴다.
The man **was run over** by a car while crossing the street.

목적어가 that절인 문장의 수동태
문장의 동사가 ask, believe, expect, report, say, show, think 등이면서 목적어가 that절인 문장의 경우, 가주어 it이나 that절의 주어를 각각 주어로 하여 수동태 문장을 만들 수 있다.
People *say* **that** a picture is worth a thousand words.
→ **It** *is said* **that** a picture is worth a thousand words.
→ **A picture** *is said* **to be** worth a thousand words.

> **핵심** make의 목적격보어로 쓰인 동사원형은 수동태 문장에서는 to부정사로 바꿔 쓴다.

독립부정사

독립적인 뜻을 가진 to부정사로 문장 전체를 수식하는 부사의 역할을 한다.

> - to tell the truth: 사실대로 말하면
> - to make matters worse: 설상가상으로
> - not to mention: ~은 말할 것도 없이
> - needless to say: 말할 필요도 없이
> - to make a long story short: 간단히 말하면

사역동사와 지각동사의 목적격보어

사역동사(make, have, let)는 목적격보어로 원형부정사, 준사역동사 get은 to부정사를 쓴다.
He **made** his son **wash** the dishes.
Dad **got** me **to bring** him his tie.

지각동사는 목적격보어로 원형부정사를 취한다. 단, 지각동사의 목적어와 목적격보어가 의미상 능동 관계이면서 목적어의 동작이 진행 중임을 강조할 때는 현재분사를 쓴다.
Lily **heard** people **yelling[yell]** at each other.

> **핵심** 지각동사 hear는 목적격보어로 원형부정사 또는 현재분사를 쓴다.

11 원급 비교 표현 / 원급과 비교급을 이용한 최상급 표현

다음 빈칸에 들어갈 말이 바르게 짝지어진 것을 고르시오.

> • Josh finished his meal as quickly as _____.
> • _____ other child in this class is taller than James.

① can – No
② soon – All
③ possible – No
④ possible – All
⑤ soon – Any

원급 비교 표현

「as+원급+as possible」: 가능한 ~한[하게]
Please upgrade the system **as soon as possible**.

원급과 비교급을 이용한 최상급 표현

> 「비교급+than any other+단수명사」: 다른 어떤 …보다 더 ~한
> 「비교급+than all the other+복수명사」: 다른 모든 …보다 더 ~한
> 「No (other)+단수명사 ~ 비교급+than」: 어떤 것[누구]도 …보다 더 ~하지 않은
> 「No (other)+단수명사 ~ as[so]+원급+as」: 어떤 것[누구]도 …만큼 ~하지 않은

The Nile is **the longest** river in the world.
= The Nile is **longer than any other river** in the world.
= The Nile is **longer than all the other rivers** in the world.
= **No (other) river** in the world is **longer than** the Nile.
= **No (other) river** in the world is **as[so] long as** the Nile.

핵심 「as+원급+as possible」은 원급 비교 표현, 「No (other)+단수명사 ~ 비교급+than」은 비교급을 이용한 최상급 표현이다.

12 종속접속사 if

다음 중 밑줄 친 부분의 쓰임이 나머지와 <u>다른</u> 것을 고르시오.

① I'm not certain <u>if</u> she is single.
② He didn't know <u>if</u> there was a meeting.
③ I don't care <u>if</u> the weather is good or not.
④ I'm not sure <u>if</u> he is from America or not.
⑤ Join our club <u>if</u> you want to learn Russian.

종속접속사 if

명사절을 이끄는 종속접속사 if: ~인지 (아닌지)
I still wonder **if** I made the right decision.
I don't know **if** Jean will join our study group **(or not)**.

조건의 부사절을 이끄는 종속접속사 if: 만약 ~라면
If you do this for me, I'll take you out to dinner.
If it snows tomorrow, I'll make a snowman with my children.

핵심 if는 '만약 ~라면'이라는 의미로 조건을 나타내는 부사절을 이끌거나, '~인지 (아닌지)'라는 의미로 명사절을 이끈다.

13 주어와 동사의 수 일치 / 도치 구문의 형태

다음 중 밑줄 친 부분이 어법상 틀린 것을 고르시오.

① Being a vegetarian is not easy.
② My father is a lawyer, and so do I.
③ Part of this painting was damaged in a fire.
④ Twenty percent of the employees suffer from neck pain.
⑤ Never did I imagine winning the Best Actor award.

14 조동사 may의 의미

다음 중 보기의 밑줄 친 부분과 쓰임이 같은 것을 고르시오.

> 보기 Mr. Clay may be in his office now.

① May I use the phone?
② You may go home if you want to.
③ You may eat ice cream after dinner.
④ Excuse me, may I join you for a moment?
⑤ I have a meeting. I may be late this evening.

15 복합관계부사

다음 우리말과 일치하도록 빈칸에 알맞은 것을 고르시오.

> 네가 아무리 바쁘더라도 제대로 챙겨 먹어야 한다.
> → _____ busy you are, you should
>   eat properly.

① How   ② Whatever
③ Wherever   ④ No matter when
⑤ However

16 「의문사+to부정사」

다음 두 문장이 같은 뜻이 되도록 주어진 단어를 활용하여 빈칸에 알맞은 말을 쓰시오. (4단어로 쓸 것)

> I will tell you how to make a paper boat.
> (you, should)
> = I will tell you _____ a paper
>   boat.

정답 _____

복합관계부사

「관계부사+-ever」의 형태로 시간·장소의 부사절을 이끌거나 양보의 부사절을 이끈다.

복합관계부사	시간·장소의 부사절	양보의 부사절
whenever	~할 때는 언제든지 (any time (that) / at any time)	언제 ~하더라도 (no matter when)
wherever	~하는 곳은 어디든지 (at[in/to] any place (that))	어디서 ~하더라도 (no matter where)
however	–	아무리 ~하더라도 (no matter how)

Whenever I saw her, I burst into laughter. 〈시간의 부사절〉
= Any time (that)
Sit down **wherever** you want to. 〈장소의 부사절〉
           = at any place (that)
However humble it may be, there is no place like home.
= No matter how   〈양보의 부사절〉

핵심 '아무리 ~하더라도'는 however 또는 no matter how로 나타낸다.

「의문사+to부정사」

「의문사+to부정사」는 문장에서 주어, 목적어, 보어 역할을 하며 「의문사+주어+should[can]+동사원형」으로 바꿔 쓸 수 있다. 단, 「why+to부정사」는 쓰지 않는다.

- what to-v: 무엇을 ~할지
- when to-v: 언제 ~할지
- where to-v: 어디서 ~할지
- how to-v: 어떻게 ~할지
- who(m) to-v: 누구를[누구와] ~할지

I haven't decided **where to go** on vacation.
= I haven't decided **where I should go** on vacation.

핵심 「의문사+to부정사」는 「의문사+주어+should[can]+동사원형」으로 바꿔 쓸 수 있다.

17 목적어의 형태에 따라 의미가 달라지는 동사

다음 두 문장이 같은 뜻이 되도록 빈칸에 알맞은 말을 쓰시오. (3단어로 쓸 것)

> My son remembers that he visited his uncle a few years ago.
>
> = My son remembers _____
>
> _____ a few years ago.

정답 _____

목적어의 형태에 따라 의미가 달라지는 동사

remember+to부정사 remember+동명사	(앞으로) ~할 것을 기억하다 (과거에) ~했던 것을 기억하다
forget+to부정사 forget+동명사	(앞으로) ~할 것을 잊다 (과거에) ~했던 것을 잊다
try+to부정사 try+동명사	~하려고 노력하다 (시험 삼아) ~해 보다
regret+to부정사 regret+동명사	(현재·미래에) ~하게 되어 유감이다 (과거에) ~했던 것을 후회하다

핵심 「remember+동명사」는 '(과거에) ~했던 것을 기억하다'라는 의미이다.

18 복합관계대명사

다음 빈칸에 들어갈 알맞은 복합관계대명사를 보기 에서 골라 쓰시오.

보기 Whoever   Whichever   Whatever

정답 _____ gets the highest score will win the prize

복합관계대명사

「관계대명사+-ever」의 형태로 명사절이나 양보의 부사절을 이끈다.

복합관계대명사	명사절	양보의 부사절
whoever	~하는 사람은 누구나 (anyone who)	누가 ~하더라도 (no matter who)
whichever	~하는 것은 어느 것이든 (anything which)	어느 것을 ~하더라도 (no matter which)
whatever	~하는 것은 무엇이든 (anything that)	무엇을 ~하더라도 (no matter what)

Whoever buys this will get another one free. 〈명사절〉
= Anyone who
The results will be same **whichever** you choose. 〈양보의 부사절〉
= no matter which
You can donate **whatever** you like. 〈명사절〉
= anything that

핵심 '~하는 사람은 누구나'를 나타내는 복합관계대명사는 **whoever**이다.

19 분사구문의 형태 (완료분사구문)

다음 주어진 문장을 분사구문으로 바꿔 쓰시오. (3단어로 쓸 것)

> After he had finished dinner, he took a shower.

정답 _____, he took a
shower.

분사구문의 형태 (완료분사구문)

완료분사구문은 부사절의 시제가 주절의 시제보다 앞설 때 쓰는 분사구문으로, 부사절의 동사를 「having v-ed」의 형태로 쓴다.

Having worked hard all day, I was very tired.
(← *Since* I had worked hard all day, I was very tired.)

핵심 부사절의 시제가 주절보다 앞선 문장이므로 완료분사구문의 형태로 쓴다.

20 관계대명사의 생략

다음 문장에서 생략할 수 있는 부분을 찾아 쓰시오. (2단어로 쓸 것)

> This is our classic dessert that is made with cream, milk, sugar, and vanilla.

정답 _____

관계대명사의 생략

「주격 관계대명사+be동사」의 생략

뒤에 형용사구, 분사구 또는 전치사구가 이어질 때 「주격 관계대명사+be동사」를 생략할 수 있다.

MJ offered some cookies (**which were**) made with ginger.
　　　　　　　　　　　　　　생략 가능

목적격 관계대명사의 생략

목적격으로 쓰인 관계대명사 who(m), which, that은 생략 가능하다. 단, 「전치사+관계대명사」의 순서로 쓰는 경우에는 생략할 수 없다.

Is that the ring (**which[that]**) you were looking *for*?
　　　　　　　　　　생략 가능

Is that the ring *for* **which** you were looking?
　　　　　　　　　생략 불가

핵심 「주격 관계대명사+be동사」 뒤에 과거분사가 이어질 때 「주격 관계대명사+be동사」는 생략 가능하다.

01 부정대명사 구문

다음 중 빈칸에 알맞은 것을 고르시오.

> Some people want to read comic books and _____ want to play chess.

① one
② other
③ others
④ another
⑤ the other

부정대명사 구문

○ one		● the other
○ one		●●● the others
○ one	■ another	● the other
○ one	▲ another	●●● the others
○ one	■▲○● others	●●●●●● the others
○○○○○○ some	■▲●○ others	●●●●●● the others

some ~ others: 여러 대상 중에서 막연히 몇 사람[개]씩 지칭
some ~ the others: 여러 대상 중에서 막연한 일부는 some, 나머지 전부는 the others

핵심 여러 대상 중 막연한 몇 사람씩을 지칭할 땐 some과 others를 쓴다.

02 과거완료 / 4형식 문장의 수동태

다음 빈칸에 들어갈 말이 바르게 짝지어진 것을 고르시오.

> • I _____ just finished my dinner when he visited me.
> • Some money was sent _____ me by my parents.

① had – for
② have – to
③ had – to
④ have – for
⑤ had – of

과거완료

과거완료는 「had v-ed」의 형태로, 과거의 특정 시점 이전에 일어났거나 과거 어느 시점까지 영향을 미친 일을 나타낼 때 쓴다.
They arrived at the station, but the train **had** already **left**.
I **had** never **seen** a koala until I saw one in Australia last year.

4형식 문장의 수동태

「주어+수여동사+간접목적어+직접목적어」의 4형식 문장은 목적어가 두 개이므로 각각을 주어로 한 두 개의 수동태 문장을 만들 수 있다.
직접목적어를 주어로 한 수동태의 경우, 간접목적어 앞에 전치사를 쓴다. 대부분의 동사는 전치사 to를, make, buy, get 등은 for를, ask는 of를 쓴다.
Ted gave me a concert ticket.
　　　　　간접목적어　　직접목적어
→ I **was given** a concert ticket by Ted.
→ A concert ticket **was given** *to* me by Ted.

핵심 과거의 특정 시점 전에 일어난 일은 과거완료, 동사 send가 쓰인 4형식 문장의 수동태이므로 전치사 to를 쓴다.

03 to부정사의 의미상의 주어

다음 빈칸에 들어갈 말이 나머지와 <u>다른</u> 것을 고르시오.

① It was kind _____ her to help me.
② It is hard _____ me to understand him.
③ It was impolite _____ you to refuse her offer.
④ It was brave _____ you to catch the thief.
⑤ It was careless _____ him to lose his bag again.

04 동명사와 to부정사를 목적어로 취하는 동사

다음 중 빈칸에 들어갈 수 <u>없는</u> 것을 고르시오.

Lauren is _____ to buy a used piano.

① hoping
② expecting
③ planning
④ refusing
⑤ considering

to부정사의 의미상의 주어

to부정사가 나타내는 행위나 상태의 주체는 주로 「for+목적격」으로 나타낸다. 단, to부정사 앞에 사람의 성격이나 성질에 대한 주관적 평가를 나타내는 형용사(kind, rude, polite, foolish, careless 등)가 올 때는 「of+목적격」을 쓴다.

The movie was hard **for me** to understand.
It was *kind* **of you** to help those homeless people.

핵심 hard(어려운)는 사람의 성격이나 주관적인 평가를 나타내는 형용사가 아니므로, to부정사의 의미상의 주어를 「for+목적격」으로 나타낸다.

동명사와 to부정사를 목적어로 취하는 동사
to부정사를 목적어로 취하는 동사: want, need, plan, agree, decide, expect, hope, learn, offer, promise, refuse 등

동명사를 목적어로 취하는 동사: enjoy, avoid, mind, finish, keep, give up, quit, practice, consider 등

핵심 consider는 동명사를 목적어로 취하는 동사이다.

05 감정을 나타내는 분사

다음 빈칸에 들어갈 말이 바르게 짝지어진 것을 고르시오.

> • I can't find anything with this _____ map!
> • Yumi eats too much when she is _____.

① confuse – depress
② confusing – depressing
③ confusing – depressed
④ confused – depressing
⑤ confused – depressed

06 복합관계사대명사 / 관계대명사와 관계부사의 계속적 용법

다음 중 어법상 **틀린** 것을 고르시오.

① I called Brian, who didn't answer the phone.
② I went to Hawaii, which I first met Mr. Green.
③ Whoever wants my old camera can take it.
④ I will be happy whoever wins the race.
⑤ He posted some poems, which made him popular.

07 사역동사의 목적격보어

다음 빈칸에 들어갈 말이 바르게 짝지어진 것을 고르시오.

> • Joyce makes her children _____ to bed
> before 10 p.m.
> • Mr. Cha had his child _____ a book
> before going to bed.

① go – read
② goes – to read
③ to go – reading
④ going – have read
⑤ went – to reading

사역동사의 목적격보어

사역동사(make, have, let)는 목적격보어로 원형부정사를 취한다. 단, have의 목적어와 목적격보어가 수동 관계일 때는 과거분사를 쓴다.

He **made** his son **wash** the dishes.
He **had** his computer **fixed**.

[핵심] 사역동사는 목적격보어로 원형부정사를 취한다.

08 상관접속사

다음 중 어법상 틀린 것을 고르시오.

① Both Henry and Sue enjoy swimming.
② He plays the violin as well as the piano.
③ Neither my mother or my father is at home.
④ Not only I but also my sister likes cooking.
⑤ We will play baseball either on Saturday or on Sunday.

상관접속사

상관접속사는 두 개 이상의 단어가 짝을 이루어 하나의 접속사 역할을 한다.

> • both A and B: A와 B 둘 다
> • not only A but also B(= B as well as A): A뿐만 아니라 B도
> • either A or B: A 또는 B
> • neither A nor B: A도 B도 아닌

Both *my boyfriend* **and** *I* like ice cream.
Not only *I* **but also** *Mr. Harris* works for the radio station.
= *Mr. Harris*, **as well as** *I*, works for the radio station.
Either *your parents* **or** *your teacher* is going to help you.
Neither *she* **nor** *I* have any money.

[핵심] 「neither A nor B」는 'A도 B도 아닌'을 나타내는 상관접속사이다.

09 동명사와 현재분사 구분

다음 중 보기의 밑줄 친 부분과 쓰임이 같은 것을 고르시오.

> 보기 The teacher enjoys <u>telling</u> funny stories to us.

① Look at those <u>shining</u> stars!
② They liked the baby's <u>smiling</u> face.
③ He is <u>wrapping</u> a present for his son.
④ You should consider <u>changing</u> your job.
⑤ Please cover that <u>sleeping</u> boy with this blanket.

동명사와 현재분사 구분

동명사와 현재분사는 둘 다 「동사원형+-ing」로 형태가 같지만 그 역할이 다르다.

동명사는 문장에서 명사처럼 쓰여 주어, 목적어, 보어 역할을 한다.

Winning is not everything. 〈주어〉
Would you *mind* **opening** the door? 〈동사의 목적어〉
How *about* **going** on a trip to Italy? 〈전치사의 목적어〉
My brother's hobby is **playing** the guitar. 〈보어〉

현재분사는 문장에서 형용사처럼 쓰여 명사를 수식하거나, be동사와 함께 쓰여 진행형으로 사용된다.

Mr. Kim woke up the **sleeping** *boy*. 〈명사 수식〉
Ivy *is* **playing** the violin. 〈진행형〉

핵심 주어진 문장은 동사의 목적어 역할을 하는 동명사이다.

10 비교급 강조

다음 빈칸에 들어갈 말로 알맞지 <u>않은</u> 것을 고르시오.

> The actor was _____ more handsome than I had imagined.

① much
② even
③ a lot
④ far
⑤ a lot of

비교급 강조

비교급 앞에 '훨씬'이라는 의미의 much, even, still, a lot, far 등의 부사를 써서 비교급을 강조할 수 있다. very는 비교급 강조를 위해 쓸 수 없다.

Your desk is **much** *wider than* mine.
The sun is **a lot** *larger than* the earth.

핵심 수량형용사 a lot of는 비교급 강조 표현이 아니다.

11 도치 구문의 형태 (부정어 도치)

다음 우리말과 일치하도록 빈칸에 알맞은 것을 고르시오.

> 나는 평일에는 거의 아침을 먹지 않는다.
> → Rarely _____ I eat breakfast on
> weekdays.

① do   ② does

③ did   ④ have done

⑤ had done

12 종속접속사 that과 관계대명사 that 구분

다음 중 보기 의 밑줄 친 부분과 쓰임이 같은 것을 고르시오.

> 보기 I found that my watch was broken.

① This is the café that my favorite singer owns.

② It was unexpected that we lost the game.

③ The old dog that is lying on the carpet is sick.

④ Have you read the book that I recommended?

⑤ One of the subjects that Paul Cézanne painted
the most was fruit.

도치 구문의 형태 (부정어 도치)

never, not, no, little, hardly, scarcely, rarely, only, seldom 등
부정어가 강조되어 문장 앞에 오는 경우에는 주어와 동사를 도치시켜 「부정어
(구)+동사+주어」의 어순으로 쓴다.

일반동사가 쓰인 경우에는 주어의 수와 시제에 따라 「부정어(구)+do[does/
did]+주어」로 쓰며, 조동사가 쓰인 경우에는 「부정어(구)+조동사+주어」로 쓴
다.

Never **did he dream** that he would become an actor.

(← He never dreamed that he would become an actor.)

> 핵심 부정어 Rarely가 문장 앞에 와서 주어와 동사가 도치된 문장으로, 일반
> 동사 eat이 쓰인 점에 유의한다.

종속접속사 that

명사절을 이끌어 문장 내에서 주어, 목적어, 보어의 역할을 하며, '~라는 것'
으로 해석한다. 접속사 that이 이끄는 명사절이 주어 역할을 할 때, 이를 뒤
로 보내고 주어 자리에 가주어 it을 쓸 수 있다.

That he is from China is not true. 〈주어〉

(→ *It* is not true **that** he is from China.) 〈진주어〉
   가주어   진주어

I think (**that**) you are really smart. 〈목적어〉

The problem is **that** he complains about everything. 〈보어〉

관계대명사 that

앞에 오는 명사를 수식하는 절을 이끌며, 접속사와 대명사의 역할을 동시에
한다. 관계대명사 that은 선행사가 사람이나 사물, 동물일 때 모두 쓸 수 있
으며, 주격과 목적격 관계대명사로 쓸 수 있다.

I heard about the results **that** were shocking. 〈주격 관계대명사〉

> 핵심 주어진 문장의 that은 '~라는 것'이라는 의미의 명사절을 이끄는 종속
> 접속사이다.

13 by 이외의 전치사를 쓰는 수동태

다음 빈칸에 들어갈 말이 나머지와 <u>다른</u> 것을 고르시오.

① This glass is made _____ crystal.
② She was yelled at _____ her father.
③ The church was destroyed _____ the storm.
④ Her wedding dress was made _____ her mother.
⑤ Classical music was being played _____ an orchestra.

> • be known as: ~로 알려져 있다
> • be known for: ~로 유명하다
> • be crowded with: ~로 붐비다
> • be interested in: ~에 관심이 있다
> • be covered with[in]: ~로 덮여 있다
> • be worried about: ~에 대해 걱정하다
> • be concerned about: ~에 대해 걱정하다
> • be disappointed with[in/at]: ~에 실망하다
> • be pleased with[about]: ~에 기뻐하다
> • be satisfied with: ~에 만족하다
> • be made of: ~로 만들어지다 〈물리적인 변화〉
> • be made from: ~로 만들어지다 〈화학적인 변화〉

핵심 '~로 만들어지다'의 be made of처럼 by 이외의 전치사를 쓰는 경우도 있다.

14 독립분사구문

다음 문장을 분사구문으로 바르게 옮긴 것을 고르시오.

> As it was windy outside, we decided to stay home.

① Windy outside, we decided to stay home.
② Being windy outside, we decided to stay home.
③ Having windy outside, we decided to stay home.
④ It being windy outside, we decided to stay home.
⑤ Having been windy outside, we decided to stay home.

독립분사구문

분사구문을 만들 때 주절의 주어와 같은 부사절의 주어는 생략한다. 그런데 부사절과 주절의 주어가 서로 다를 경우, 부사절의 주어를 분사구문의 주어로 남겨두며 이를 독립분사구문이라고 한다.
The weather being cold, she closed the windows.
      └_____ ≠ _____┘

핵심 부사절의 주어는 it, 주절의 주어는 we이므로 분사구문을 만들 때 부사절의 주어를 생략하지 않는다.

15 주어와 동사의 수 일치 / 시제 일치의 예외

다음 중 어법상 <u>틀린</u> 것의 개수를 고르시오.

> a. Every seat in the concert hall was taken.
> b. Fifteen dollars was my weekly allowance.
> c. He proved light travels faster than sound.
> d. All the T-shirts are in the washing machine.

① 0개　　② 1개　　③ 2개　　④ 3개　　⑤ 4개

주어와 동사의 수 일치

일반적으로 each, every, -thing, -one, -body 등은 단수 취급한다.
Each of the workers **has** been busy all day.
There **is** *something* I don't fully understand.

시간, 거리, 금액, 무게, 온도 등은 단수 취급한다.
Five years **is** not a short time.

「all (of)+단수명사」는 단수 취급하고, 「all (of)+복수명사」는 복수 취급한다.
All (of) the data on the computer **was** gone.
All (of) the students **have** left the school for a field trip.

시제 일치의 예외

과학적 사실, 변하지 않는 사실, 속담 등은 주절의 시제와 관계 없이 종속절에 항상 현재시제를 쓴다.

My teacher **said** that water **boils** at 100℃. 〈과학적 사실〉
　　　　주절　　　　　　　　종속절
Jane **said** that he **is** Canadian. 〈현재의 사실〉
　　주절　　　　　종속절

핵심 every는 단수 취급, all은 뒤에 오는 명사의 수에 따라 단수·복수로 취급한다.

16 동명사의 관용 표현

다음 우리말과 일치하도록 주어진 말을 활용하여 문장을 완성하시오.

> 당신의 개가 밤 늦게 짖는 것을 막아주세요.
> (keep, your dog, bark)

정답 Please _____

_____ late at night.

동명사의 관용 표현

- go v-ing: ~하러 가다
- be busy v-ing: ~하느라 바쁘다
- upon[on] v-ing: ~하자마자
- feel like v-ing: ~하고 싶다
- be used to v-ing: ~하는 데 익숙하다
- have difficulty v-ing: ~하는 것에 어려움을 겪다
- spend+돈[시간]+v-ing: ~하는 데 돈[시간]을 쓰다
- look forward to v-ing: ~하기를 고대하다
- cannot help v-ing: ~하지 않을 수 없다
- keep[prevent]+목적어+from v-ing: ~가 …하는 것을 막다

핵심 '~가 …하는 것을 막다'는 「keep[prevent]+목적어+from v-ing」로 나타낸다.

17 동사구의 수동태

다음 우리말과 일치하도록 주어진 단어를 바르게 배열하시오.

> 그 작은 개는 구조대에 의해 돌보아질 것이다.
> (will, taken, of, by, be, care, the rescue team)

[정답] The little dog _____

_____.

동사구의 수동태

동사구가 타동사 역할을 할 때는 동사구 전체를 하나의 동사로 취급하여 수동태로 쓴다.

A car **ran over** the man while he was crossing the street.
→ The man **was run over** by a car while he was crossing the street.

We **took care of** the lost cat.
→ The lost cat **was taken care of** by us.

[핵심] '~를 돌보다'라는 의미의 take care of가 수동태 문장에서 하나의 동사로 취급된다.

18 가정법 과거

다음 주어진 문장을 가정법으로 바꿔 쓰시오. (3단어로 쓸 것)

> As you live far away, I can't see you every day.

[정답] If you _____ far
away, I could see you every day.

가정법 과거

「If+주어+동사의 과거형, 주어+조동사의 과거형+동사원형」의 형태로, '(현재) ~하다면[라면] …할 텐데'라는 의미이다. 현재 사실과 반대되는 상황을 가정할 때 쓴다.

If I **were** you, I **wouldn't say** that.
If I **knew** his phone number, I **could call** him.
(← As I don't know his phone number, I can't call him.)

[핵심] 현재 사실에 반대되는 상황을 가정하는 가정법 과거이므로, 「If+주어+동사의 과거형, 주어+조동사의 과거형+동사원형」의 형태가 되어야 한다.

20

19 전체 부정

다음 우리말과 일치하도록 주어진 단어를 바르게 배열하시오.

> 우리들 중 아무도 올해 새 스마트폰을 사지 않았다.
> (of, a new smartphone, none, us, bought)

정답 _____

_____ this year.

20 간접화법

다음 문장을 간접화법으로 바꿀 때, 밑줄 친 부분을 바르게 고쳐 쓰시오.

> The doctor said to her, "You will get better soon."
> → The doctor told her that she <u>will get better</u> soon.

정답 _____

01 동명사와 현재분사 구분

다음 중 **보기**의 밑줄 친 부분과 쓰임이 같은 것을 고르시오.

> **보기** Everyone needs to bring a pair of <u>running</u> shoes.

① I burned my finger with <u>boiling</u> water.
② That girl <u>wearing</u> a pink skirt is my sister.
③ The man <u>standing</u> in front of me looks tired.
④ A glass of hot milk is better than a <u>sleeping</u> pill.
⑤ People <u>living</u> near the factory complained about the noise.

02 to부정사와 동명사를 둘 다 목적어로 취하는 동사 / 동명사의 관용 표현 / 동명사의 역할

다음 중 어법상 **틀린** 것을 고르시오.

① I liked watching Korean dramas.
② She had difficulty to understand the book.
③ They spent a lot of time studying Korean.
④ He is used to watching the movie without subtitles.
⑤ You are good at speaking Chinese.

동명사와 현재분사 구분

동명사와 현재분사는 둘 다 「동사원형+-ing」로 형태가 같지만 그 역할이 다르다. 동명사는 문장에서 명사처럼 쓰여 주어, 목적어, 보어 역할을 한다. 현재분사는 문장에서 형용사처럼 쓰여 명사를 수식하거나, be동사와 함께 쓰여 진행형으로 사용된다.

명사 앞에 쓰이는 경우 동명사는 명사의 용도나 목적을 나타내는 반면, 현재분사는 명사의 동작이나 상태를 나타낸다.

I was given a sleeping **pill** by a doctor. 〈동명사: ~을 위한, ~ 용의〉
　　　　　　잠을 위한, 잠을 자는 용도의
That sleeping **baby** is adorable. 〈현재분사: ~하고 있는〉
　　자고 있는

핵심 주어진 문장의 running은 뒤에 오는 명사의 용도나 목적을 설명하는 동명사이다.

to부정사와 동명사를 둘 다 목적어로 취하는 동사

love, like, hate, start, begin, continue 등으로 목적어의 형태에 따른 의미 차이는 거의 없다.

동명사의 관용 표현

- go v-ing: ~하러 가다
- be busy v-ing: ~하느라 바쁘다
- upon[on] v-ing: ~하자마자
- feel like v-ing: ~하고 싶다
- be used to v-ing: ~하는 데 익숙하다
- have difficulty v-ing: ~하는 것에 어려움을 겪다
- spend+돈[시간]+v-ing: ~하는 데 돈[시간]을 쓰다
- look forward to v-ing: ~하기를 고대하다
- cannot help v-ing: ~하지 않을 수 없다
- It is no use v-ing: ~해도 소용없다

동명사의 역할

「동사원형+-ing」의 형태로 문장에서 명사의 역할을 하며, 주어, 보어, 목적어로 쓰인다. 주어로 쓰인 동명사(구)는 단수 취급한다.

Winning *is* not everything. 〈주어〉
His job is **fixing** computers. 〈보어〉
Would you *mind* **opening** the window? 〈동사의 목적어〉
I am sorry *for* **not being** there for you. 〈전치사의 목적어〉

핵심 '~하는 것에 어려움을 겪다'는 「have difficulty v-ing」이다.

03 현재완료의 용법

다음 중 **보기**의 밑줄 친 부분과 쓰임이 같은 것을 고르시오.

> **보기** My parents have been married for 15 years.

① We have heard this story before.
② I have just arrived at the airport.
③ They have gone to Africa to do research.
④ Have you ever read the book *Mockingjay*?
⑤ She has suffered from a toothache since last Monday.

04 조동사가 있는 수동태

다음 능동태 문장을 수동태로 바꿀 때 빈칸에 들어갈 알맞은 말을 고르시오.

> You must keep this out of the sunlight.
> → This _____ out of the sunlight.

① must keep
② must be keep
③ must be kept
④ be must kept
⑤ must is kept

05 「의문사+to부정사」

다음 짝지어진 두 문장의 의미가 서로 <u>다른</u> 것을 고르시오.

① Ava didn't know how to raise parrots.

= Ava didn't know how she should raise parrots.

② He told me what to do in an emergency situation.

= He told me what I should not do in an emergency situation.

③ I asked how to apologize to her.

= I asked how I should apologize to her.

④ He hasn't decided where to go next.

= He hasn't decided where he should go next.

⑤ Please let me know when to hand in my research report.

= Please let me know when I should hand in my research report.

「의문사+to부정사」

「의문사+to부정사」는 문장에서 주어, 목적어, 보어 역할을 하며 「의문사+주어+should[can]+동사원형」으로 바꿔 쓸 수 있다. 단, 「why+to부정사」는 쓰지 않는다.

> • what to-v: 무엇을 ~할지
> • when to-v: 언제 ~할지
> • where to-v: 어디서 ~할지
> • how to-v: 어떻게 ~할지
> • who(m) to-v: 누구를[누구와] ~할지

핵심 「의문사+to부정사」는 「의문사+주어+should[can]+동사원형」으로 바꿔 쓸 수 있다.

06 분사구문의 다양한 의미

다음 중 **보기**의 밑줄 친 부분과 의미가 같은 것을 고르시오.

> **보기** <u>Feeling hungry</u>, he decided to order some pizza.

① Although he felt hungry

② If he felt hungry

③ Since he felt hungry

④ Though he felt hungry

⑤ Unless he felt hungry

분사구문의 다양한 의미

분사구문은 문맥에 따라 동시동작, 시간·때, 이유, 조건 등으로 해석할 수 있으며, 「접속사+주어+동사」가 있는 부사절의 형태를 짐작할 수 있다.

Watching TV, I ate popcorn. 〈동시동작〉

(← *While* I watched TV, I ate popcorn.)

Opening the door, I found the room empty. 〈시간·때〉

(← *When* I opened the door, I found the room empty.)

Having a cold, he went to the hospital. 〈이유〉

(← *As[Because]* he had a cold, he went to the hospital.)

Not buying two, you won't get a 15% discount. 〈조건〉

(← *If* you don't buy two, you won't get a 15% discount.)

핵심 분사구문이 문맥에서 나타내는 의미가 무엇인지 파악한다.

07 종속접속사 that과 관계대명사 that

다음 빈칸에 공통으로 들어갈 말을 고르시오.

> • You are the only person _____ understands me.
> • Can you believe _____ he is 90 years old?

① what   ② who
③ which   ④ that
⑤ whether

08 가정법 과거

다음 중 빈칸에 알맞은 것을 고르시오.

> If I were you, I _____ that dress.

① buy   ② will buy
③ would buy   ④ am buying
⑤ had bought

종속접속사 that

명사절을 이끌어 문장 내에서 주어, 목적어, 보어의 역할을 하며, '~라는 것'으로 해석한다. 접속사 that이 이끄는 명사절이 주어 역할을 할 때, 이를 뒤로 보내고 주어 자리에 가주어 it을 쓸 수 있다.

That he is from China is not true. 〈주어〉
(→ *It* is not true **that** he is from China.) 〈진주어〉
　　가주어　　　　　　　　　진주어
I think (**that**) you are really smart. 〈목적어〉
The problem is **that** he complains about everything. 〈보어〉

관계대명사 that

앞에 오는 명사를 수식하는 절을 이끌며, 접속사와 대명사의 역할을 동시에 한다. 관계대명사 that은 선행사가 사람이나 사물, 동물일 때 모두 쓸 수 있으며, 주격과 목적격 관계대명사로 쓸 수 있다.
the+최상급, the only 등이 선행사 앞에 있는 경우 관계대명사는 주로 that을 쓴다.
Jane has *a sister* **that** is a singer. 〈주격 관계대명사〉
I read *the book* **that** you recommended. 〈목적격 관계대명사〉

핵심 명사절을 이끄는 종속접속사 that은 완전한 절 앞에 쓰이며, 관계대명사 that은 선행사가 관계대명사절 내에서 주어나 목적어 역할을 하므로 불완전한 절이 뒤따른다.

가정법 과거

「If+주어+동사의 과거형, 주어+조동사의 과거형+동사원형」의 형태로, '(현재) ~하다면[라면] …할 텐데'라는 의미이다. 현재 사실과 반대되는 상황을 가정할 때 쓴다.
If I knew his phone number, **I could call** him.
(← As I don't know his phone number, I can't call him.)

핵심 현재 사실과 반대되는 상황을 가정할 때 쓰는 가정법 과거 구문이다.

09 조동사의 의미 / 미래완료

다음 각 네모 안에서 어법상 알맞은 것끼리 바르게 짝지어진 것을 고르시오.

- I [would / would rather] leave now than wait until tomorrow.
- He [has / will have] been in the hospital for six months by next week.
- There [used to / would] be a swimming pool for the children.

① would – has – used to
② would – will have – used to
③ would rather – will have – used to
④ would rather – has – would
⑤ would rather – will have – would

조동사의 의미

had better	~하는 게 좋겠다 〈충고〉
would rather	~하는 게 더 낫겠다 〈충고〉
would rather … than ~	~하느니 차라리 …하겠다 〈충고〉
would	~하곤 했다 〈과거의 습관〉
used to	~이었다 〈과거의 습관·상태〉

You **had better** go before it rains.
The subway is too crowded. I **would rather** drive.
I **would rather** wear a dress **than** a suit.
I **would**(= used to) go hiking every Sunday.
There **used to** be a bank on that corner.

미래완료

「will have v-ed」의 형태로 쓰며, 미래의 특정 시점까지 또는 그 이전에 완료될 것으로 예상되는 일을 나타낸다.
My parents **will have been married** for 20 years next month.
I **will have finished** the report before the end of the week.

핵심 과거의 상태는 used to로 나타낸다.

10 원급과 비교급을 이용한 최상급 표현

다음 중 문장의 의미가 나머지와 다른 것을 고르시오.

① Nothing is as important as your health.
② Your health is the most important thing.
③ Nothing is more important than your health.
④ Your health is as important as any other thing.
⑤ Your health is more important than any other thing.

원급과 비교급을 이용한 최상급 표현

「비교급+than any other+단수명사」: 다른 어떤 …보다 더 ~한
「비교급+than all the other+복수명사」: 다른 모든 …보다 더 ~한
「No (other)+단수명사 ~ 비교급+than」: 어떤 것[누구]도 …보다 더 ~하지 않은
「No (other)+단수명사 ~ as[so]+원급+as」: 어떤 것[누구]도 …만큼 ~하지 않은

The Nile is **the longest** river in the world.
= The Nile is **longer than any other river** in the world.
= The Nile is **longer than all the other rivers** in the world.
= **No (other) river** in the world is **longer than** the Nile.
= **No (other) river** in the world is **as[so] long as** the Nile.

핵심 비교급과 최상급 표현을 구분한다.

11 접속사와 전치사

다음 빈칸에 들어갈 말이 바르게 짝지어진 것을 고르시오.

> • Hot chocolate sells well _____ the winter.
> • I was in a bad mood _____ my husband forgot my birthday.

① during – because of
② while – because
③ when – because of
④ while – because of
⑤ during – because

12 관계부사의 특성

다음 중 어법상 틀린 것을 고르시오.

① 2022 is the year when my son was born.
② Can you tell me the reason why you are late?
③ This is the place where you can see wild goats.
④ I remember the day my daughter walked for the first time.
⑤ Jason showed people the way how he solved the problem.

---

13 문장의 시제

다음 중 밑줄 친 부분이 어법상 <u>틀린</u> 것을 고르시오.

① I <u>have lived</u> in England since I was 15.
② I <u>graduated</u> from the London International School.
③ I <u>have learned</u> English and Spanish when I was in school.
④ I'<u>m studying</u> engineering in college now.
⑤ I <u>will have finished</u> my master's degree by 2025.

14 「It is[was] ~ that ...」 강조 구문

다음 중 밑줄 친 부분의 쓰임이 나머지와 <u>다른</u> 것을 고르시오.

① <u>It</u> was roses that my boss sent his wife.
② <u>It</u> was Frida that painted the walls white.
③ <u>It</u> is important that you arrive here on time.
④ <u>It</u> was last month that James moved to this town.
⑤ <u>It</u> is cats and dogs that are the most popular pets.

문장의 시제

과거시제와 현재완료

과거시제는 단순히 과거의 일만을 나타내는 반면, 현재완료는 과거에 시작된 일이 현재에도 계속 영향을 미칠 때 사용한다. 현재완료는 명백히 과거를 나타내는 표현(yesterday, last, ago 등)과 함께 쓸 수 없다.

I **lost** my wallet yesterday. (현재에 지갑을 찾았는지는 알 수 없음)

I **have lost** my wallet. (현재까지 지갑을 잃어버린 상태)

I have lost my wallet yesterday. (X)

현재진행형

「be동사의 현재형(am/are/is)+v-ing」의 형태이며, be동사는 주어의 인칭과 수에 맞게 쓴다.

She **is making** dinner for her family.

The kids **are washing** their hands.

> **핵심** 현재완료는 명백히 과거를 나타내는 표현과 함께 쓸 수 없다.

「It is[was] ~ that ...」 강조 구문

강조하고자 하는 말을 It is[was]와 that 사이에 두고, 나머지는 that 이하에 써서 '…한 것은 바로 ~이다'라는 의미를 나타낸다. 사람을 강조할 때는 that 대신 who를 쓸 수 있다.

Alex will be playing the piano at Anna's wedding.

→ **It is** *Alex* **that[who]** will be playing the piano at Anna's wedding. 〈Alex 강조〉

→ **It is** *the piano* **that** Alex will be playing at Anna's wedding. 〈the piano 강조〉

→ **It is** *at Anna's wedding* **that** Alex will be playing the piano. 〈at Anna's wedding 강조〉

> **핵심** 가주어 It과 「It is[was] ~ that ...」 강조 구문의 It을 구분한다.

15 병렬

다음 우리말과 일치하도록 빈칸에 알맞은 것을 고르시오.

> 너는 눈을 비비는 것뿐만 아니라, 콘택트렌즈를 착용하는 것도 피해야 한다.
>
> → You should avoid not only rubbing your eyes but also _____ contact lenses.

① wear
② wore
③ wearing
④ to wear
⑤ to wearing

병렬

등위접속사(and, but, or 등)나 상관접속사(both A and B, either A or B, not only A but (also) B, not A but B 등)에 의해 연결된 어구들은 동일한 문법 형태와 구조로 쓴다.

James is **handsome**, **smart**, *and* very **popular**.
Kate used to go *either* **skiing** *or* **snowboarding** in winter.

핵심 상관접속사 「not only A but also B」의 A와 B는 동일한 문법 형태로 써야 한다.

16 4형식 문장의 수동태

다음 능동태 문장을 수동태로 바꿔 쓰시오. (6단어로 쓸 것)

> Mike bought Sue a special gift.

정답 A special gift _____

_____ .

4형식 문장의 수동태

「주어+수여동사+간접목적어+직접목적어」의 4형식 문장은 목적어가 두 개이므로, 각각을 주어로 한 두 개의 수동태 문장을 만들 수 있다.

직접목적어를 주어로 한 수동태의 경우, 간접목적어 앞에 전치사를 쓴다. 대부분의 동사는 전치사 to를, make, buy, get 등은 for를, ask는 of를 쓴다.

Ted gave me a concert ticket.
<u>간접목적어</u>　<u>직접목적어</u>

→ I **was given** a concert ticket by Ted.
→ <u>A concert ticket</u> **was given** *to* me by Ted.

핵심 4형식 문장의 직접목적어를 주어로 한 수동태를 만들 때 동사 buy는 전치사 for를 필요로 한다.

17 비교급을 이용한 최상급 표현

다음 두 문장이 같은 뜻이 되도록 주어진 단어를 활용하여 빈칸에 알맞은 말을 쓰시오. (6단어로 쓸 것)

> July is the hottest month in Vietnam.
> (other, than)
> = No _____
> _____ in Vietnam.

[정답] _____

비교급을 이용한 최상급 표현

> 「비교급+than any other+단수명사」: 다른 어떤 …보다 더 ~한
> 「비교급+than all the other+복수명사」: 다른 모든 …보다 더 ~한
> 「No (other)+단수명사 ~ 비교급+than」: 어떤 것[누구]도 …보다 더 ~하지 않은

핵심 「No (other)+단수명사 ~ 비교급+than」 구문으로 최상급을 표현할 수 있다.

18 분사구문의 형태

다음 주어진 문장을 분사구문으로 바꿀 때 빈칸에 들어갈 말을 쓰시오. (5단어로 쓸 것)

> Because we didn't want to be late, we ran to the bus stop.
> → _____,
>   we ran to the bus stop.

 [정답] _____

분사구문의 형태
분사구문 만드는 방법

> ① 부사절의 접속사를 생략한다.
> ② 부사절의 주어가 주절의 주어와 같으면 생략한다.
> ③ 부사절의 동사를 현재분사(v-ing) 형태로 바꾸고, 주절은 그대로 쓴다.

분사구문을 만들 때, 부사절이 부정문인 경우 분사구문 앞에 부정어 not, never 등을 써서 부정형을 만든다.

① **As** he didn't have a swimsuit, he couldn't swim in the pool.
　접속사 생략

② **he** didn't have a swimsuit, he couldn't swim in the pool.
　주어 생략

③ **Not having** a swimsuit, he couldn't swim in the pool.
　Not을 쓰고 현재분사 형태로 변형

핵심 분사구문의 부정형은 분사 앞에 **Not**을 써서 나타낸다.

19 「with+목적어+분사」 구문

주어진 단어를 활용하여 빈칸에 알맞은 말을 쓰시오.

My grandfather came home with his hat
_____ with snow. (cover)

정답 _____

「with+목적어+분사」 구문

「with+목적어+분사」의 형태로, '~가 …한[된] 채로'라는 의미를 나타낸다. 목적어 역할을 하는 (대)명사와 분사가 의미상 능동 관계일 때는 현재분사를, 수동 관계일 때는 과거분사를 쓴다.

She stood **with her hair flying** in the wind.
She was sitting on a bench **with her legs crossed**.

핵심 「with+목적어+분사」 구문에서 목적어와 분사가 의미상 수동 관계일 때 과거분사를 쓴다.

---

20 do 강조 구문 / 관계대명사 what

다음 우리말과 일치하도록 주어진 단어를 바르게 배열하시오.

나는 Brian이 내게 말한 것을 정말 믿는다.
(told, I, believe, Brian, what, me, do)

정답 _____
_____

---

do 강조 구문

동사를 강조할 때는 동사 앞에 조동사 do를 써서 「do[does/did]+동사원형」의 형태로 나타내며, '정말 ~하다'로 해석한다.

He **does look** good in a suit.
I **did read** the book, but I didn't like it.

관계대명사 what

관계대명사 what은 선행사를 포함하여 the thing(s) that[which]으로 바꿔 쓸 수 있으며, '~하는 것(들)'로 해석한다. what이 이끄는 관계대명사절은 명사절로 문장 내에서 주어, 목적어, 보어 역할을 한다.

What he bought for me was a bunch of flowers. 〈주격〉

핵심 조동사 do를 일반동사 앞에 써서 '정말 ~하다'의 의미를 나타낸다.

01 수동태의 여러 형태

다음 빈칸에 들어갈 말이 바르게 짝지어진 것을 고르시오.

> • They were seen _____ in the street.
> • I was made _____ the yard by my mom.

① fight – clean
② fought – to clean
③ fought – cleaning
④ fighting – clean
⑤ fighting – to clean

수동태의 여러 형태

「make+목적어+목적격보어」의 수동태
사역동사 중 make만 수동태로 쓸 수 있으며, 이때 목적격보어로 쓰인 원형부정사는 수동태 문장에서는 to부정사로 바꾼다.
I was made to feel better by this movie.

「지각동사+목적어+목적격보어」의 수동태
5형식 문장에서 지각동사의 목적격보어로 쓰인 현재분사는 수동태 문장에서 그대로 쓰고, 원형부정사가 쓰였을 때는 to부정사로 바꾼다.
They saw her riding a bike.
→ She **was seen riding** a bike.

핵심 지각동사의 목적격보어로 쓰인 현재분사는 수동태 문장에서 현재분사 그대로, 사역동사 make의 목적격보어로 쓰인 동사원형은 수동태 문장에서 to부정사로 바꿔 쓴다.

02 비교급 강조

다음 중 빈칸에 알맞은 것을 고르시오.

> His girlfriend is _____ older than him.

① the   ② more
③ much   ④ very
⑤ little

비교급 강조

비교급 앞에 '훨씬'이라는 의미의 much, still, a lot, far, even 등의 부사를 써서 비교급을 강조할 수 있다. very는 비교급 강조를 위해 쓸 수 없다.
Your desk is **much** *wider than* mine.

핵심 빈칸에는 뒤에 오는 비교급 older를 수식하는 비교급 강조 부사가 와야 한다.

03 관계부사의 종류

다음 빈칸에 들어갈 말이 나머지와 <u>다른</u> 것을 고르시오.

① This is the park _____ they took their pictures.

② He walked into the room _____ the reporters were waiting.

③ The investigator found the place _____ the fire started.

④ I work at a factory _____ thousands of people work.

⑤ He remembered the moment _____ lightning hit the boat.

04 부정대명사 구문

다음 중 빈칸에 알맞은 것을 고르시오.

My father bought two umbrellas: one was for me and _____ was for my brother.

① other
② others
③ another
④ the other
⑤ the others

관계부사의 종류

관계부사는 선행사를 수식하는 절을 이끌어 「접속사+부사」의 역할을 하며 「전치사+선행사」를 대신한다. 선행사와 관계부사는 함께 쓰거나 둘 중 하나를 생략할 수 있다. 단, the way와 how는 함께 쓸 수 없다.

	선행사	관계부사
시간	the time, the day, the year 등	when
장소	the place, the house, the city 등	where
이유	the reason	why
방법	the way	how

The Internet has changed **how[the way]** we communicate.

핵심 선행사가 장소일 때 관계부사는 **where**, 시간일 때는 **when**을 쓴다.

부정대명사 구문

○		●	
one		the other	

○		●●●	
one		the others	

○	■	●
one	another	the other

○	▲	●●●
one	another	the others

○	■▲○●	●●●●●
one	others	the others

○○○○○○	■▲●○	●●●●●●
some	others	the others

some ~ others: 여러 대상 중에서 막연히 몇 사람[개]씩 지칭

some ~ the others: 여러 대상 중에서 막연한 일부는 some, 나머지 전부는 the others

핵심 둘 중에 하나는 **one**, 다른 하나는 **the other**로 쓴다.

05 원급 비교 표현 / 현재분사 / 분사구문의 형태

다음 중 어법상 옳은 것끼리 바르게 짝지어진 것을 고르시오.

> a. Lift your legs as high as you can.
> b. The new theater is three times bigger than the old one.
> c. Who are those kids run on the playground?
> d. Found a place to stay, we looked for a place to eat.

① a, b   ② a, c
③ b, c   ④ b, d
⑤ c, d

원급 비교 표현

「배수사+as+원급+as」은 '~보다 몇 배 …한[하게]'의 의미로 「배수사+비교급+than」으로 바꿔 쓸 수 있다.
This room is **three times as large as** mine.
= This room is **three times larger than** mine.

「as+원급+as possible」은 '가능한 한 ~한[하게]'의 의미로 「as+원급+as+주어+can」으로 바꿔 쓸 수 있다.
Please upgrade the system **as soon as possible**.
= Please upgrade the system **as soon as you can**.

현재분사

현재분사는 「v-ing」의 형태로 명사를 수식하거나 보어 역할을 할 수 있으며, 능동(~하는), 진행(~하고 있는)의 의미를 나타낸다. 명사를 수식할 때 주로 명사 앞에 오지만, 분사에 수식어가 붙어 길어지면 명사 뒤에 온다.
boring movie 지루한[지루하게 하는] 영화
running dogs 달리고 있는 개들

분사구문의 형태

> ① 부사절의 접속사를 생략한다.
> ② 부사절의 주어가 주절의 주어와 같으면 생략한다.
> ③ 부사절의 동사가 주절의 동사와 같은 때를 나타내는 경우에는 부사절의 동사를 현재분사(v-ing)로 쓰고, 부사절의 동사가 주절의 동사보다 이전에 일어난 일을 나타내는 경우에는 「having v-ed」로 쓴다.

핵심 원급을 사용하여 비교급을 표현할 수 있다.

06 상관접속사

다음 중 빈칸에 알맞은 것을 고르시오.

> Both Kate and I _____ wearing blue jeans.

① am   ② is
③ are   ④ was
⑤ be

상관접속사

두 단어 이상이 서로 짝을 이루어 쓰이는 접속사로, 주어로 쓰일 경우 동사의 수 일치에 주의해야 한다. 「both A and B」는 복수 취급하며 나머지는 모두 B에 동사의 수를 맞춘다.

> • both A and B: A와 B 둘 다
> • not only A but also B(= B as well as A): A뿐만 아니라 B도
> • either A or B: A 또는 B
> • neither A nor B: A도 B도 아닌

Both *my boyfriend* **and** *I* like ice cream.
Not only *I* **but also** *Mr. Harris* works for the radio station.
= *Mr. Harris*, **as well as** *I*, works for the radio station.
Either *your parents* **or** *your teacher* is going to help you.
Neither *she* **nor** *I* have any money.

핵심 주어로 쓰인 「both A and B」는 복수 취급한다.

07 비인칭 독립분사구문

다음 중 밑줄 친 부분의 우리말 의미가 알맞지 <u>않은</u> 것을 고르시오.

① <u>Frankly speaking</u>, I don't like the new curtains.
   = 솔직히 말해서
② <u>Strictly speaking</u>, this is against the law.
   = 굳이 말하자면
③ <u>Considering</u> his age, the child is very smart.
   = ~을 고려하면
④ <u>Generally speaking</u>, public transportation is
   = 일반적으로 말해서
   cheaper.
⑤ <u>Judging from</u> his messy room, he must be lazy.
   = ~으로 판단하건대

비인칭 독립분사구문

분사구문의 주어가 one, you, we, they 등과 같이 막연한 일반인일 경우, 주어를 생략하고 하나의 숙어처럼 분사구문을 사용하기도 한다.

- generally speaking: 일반적으로 말해서
- frankly speaking: 솔직히 말해서
- strictly speaking: 엄밀히 말해서
- roughly speaking: 대략적으로 말해서
- compared with[to]: ~와 비교하자면
- judging from: ~으로 판단하건대
- considering (that): ~을 고려하면
- supposing (that): 만일 ~라면
- speaking[talking] of: ~의 얘기가 나와서 말인데

Generally speaking, whales live longer than sharks.

> **핵심** strictly speaking은 '엄밀히 말해서'라는 뜻이다.

08 현재분사와 과거분사 / 목적어가 that절인 문장의 수동태

다음 빈칸에 들어갈 말이 바르게 짝지어진 것을 고르시오.

- Please enjoy the food _____ for the guests.
- Mr. Lue is said _____ the best composer of this generation.

① prepare – to be
② prepared – being
③ preparing – being
④ prepared – to be
⑤ preparing – be

현재분사와 과거분사

현재분사는 「v-ing」의 형태로 능동(~하는), 진행(~하고 있는)의 의미를 나타내며, 과거분사는 「v-ed」의 형태로 수동(~된), 완료(~한)의 의미를 나타낸다.
boring movie 지루한[지루하게 하는] 영화
broken branches 부러진 나뭇가지들

목적어가 that절인 문장의 수동태

동사가 ask, believe, expect, report, say, show, think 등이고 목적어가 that절인 문장의 경우, 가주어 it이나 that절의 주어를 각각 주어로 하여 수동태 문장을 만들 수 있다.
People *say* **that** the politician is in trouble.
→ **It** *is said* **that** the politician is in trouble.
→ **The politician** *is said* **to be** in trouble.

> **핵심** 동사가 say이고 목적어가 that절인 문장의 수동태의 형태에 유의한다.

09 동명사의 관용 표현 / 목적어의 형태에 따라 의미가 달라지는 동사

다음 우리말을 영어로 바르게 옮기지 <u>않은</u> 것을 고르시오.

① 나는 아침식사로 빵을 먹는 것에 익숙하지 않다.
　→ I'm not used to eat bread for breakfast.

② 나는 의사가 된 것을 후회해 본 적이 없다.
　→ I have never regretted becoming a doctor.

③ 나는 지역 농장에서 나는 채소를 구입하려고 노력 중이다.
　→ I'm trying to buy vegetables from local farms.

④ 그는 지난해에 알프스 산을 본 것을 기억한다.
　→ He remembers seeing the Alps last year.

⑤ 내일 책 반납해야 할 것을 잊지 마.
　→ Don't forget to return the book tomorrow.

동명사의 관용 표현

- go v-ing: ~하러 가다
- be busy v-ing: ~하느라 바쁘다
- feel like v-ing: ~하고 싶다
- upon[on] v-ing: ~하자마자
- be used to v-ing: ~하는 데 익숙하다
- have difficulty v-ing: ~하는 것에 어려움을 겪다
- spend+돈[시간]+v-ing: ~하는 데 돈[시간]을 쓰다
- look forward to v-ing: ~하기를 고대하다
- cannot help v-ing: ~하지 않을 수 없다

목적어의 형태에 따라 의미가 달라지는 동사

remember+동명사 remember+to부정사	(과거에) ~했던 것을 기억하다 (앞으로) ~할 것을 기억하다
forget+동명사 forget+to부정사	(과거에) ~했던 것을 잊다 (앞으로) ~할 것을 잊다
try+동명사 try+to부정사	시험삼아 ~해 보다 ~하려고 애쓰다[노력하다]
regret+동명사 regret+to부정사	(과거에) ~했던 것을 후회하다 (현재·미래에) ~하게 되어 유감이다

핵심 '~하는 데 익숙하다'는 「be used to v-ing」로 나타낸다.

10 현재완료의 용법

다음 중 밑줄 친 부분의 쓰임이 나머지와 <u>다른</u> 것을 고르시오.

① I <u>have</u> never <u>traveled</u> abroad.
② <u>Have</u> you ever <u>eaten</u> roast turkey?
③ David <u>has gone</u> to New York to study music.
④ They <u>have been</u> to the amusement park before.
⑤ I <u>have seen</u> a rainbow once.

현재완료의 용법

현재완료는 「have[has] v-ed」의 형태로, 과거에 시작된 일이 현재에도 영향을 미치는 상태를 나타낸다. 현재완료는 경험(~해 본 적이 있다), 계속(~해 왔다), 완료((지금) 막 ~했다), 결과(~해 버렸다 (그래서 지금 …하다))를 나타낸다.

I **have read** his novels before. 〈경험〉
They **have worked** here since 2005. 〈계속〉
The movie **has** just **finished**. 〈완료〉
Ted **has gone** to Spain to learn Spanish. 〈결과〉

핵심 현재완료의 용법 중 경험과 결과를 구분한다.

11 가정법 과거완료 / 관계대명사의 종류

다음 빈칸에 들어갈 말이 바르게 짝지어진 것을 고르시오.

> • If I _____ busy, I could have attended the ceremony.
> • The man _____ is sitting in the dark is Mr. Morris.

① had not been – whom
② weren't – which
③ had not been – that
④ weren't – that
⑤ have not been – which

12 동명사와 현재분사 구분

다음 중 밑줄 친 부분의 쓰임이 나머지와 <u>다른</u> 것을 고르시오.

① Would you mind <u>waiting</u> for a while?
② I saw Jenny <u>waiting</u> outside the door.
③ The kid sat down <u>waiting</u> patiently for the next bus.
④ Please make sure the people <u>waiting</u> in line have their tickets.
⑤ The interviewees <u>waiting</u> for their turn looked nervous.

가정법 과거완료

「If+주어+had v-ed, 주어+조동사의 과거형+have v-ed」의 형태로, '(과거에) ~했다면[였다면] …했을 텐데'라는 의미이다. 과거 사실과 반대되는 상황을 가정할 때 쓴다.

If I **hadn't been** tired, I **would have driven** you home.
(← As I was tired, I didn't drive you home.)

If she **had taken** the test, she **could have become** a nurse.
(← As she didn't take the test, she couldn't become a nurse.)

관계대명사의 종류

선행사의 종류와 관계대명사가 관계대명사절 내에서 하는 역할에 따라 관계대명사의 종류가 결정된다.

선행사	주격	목적격	소유격
사람	who, that	who(m), that	whose
사물, 동물	which, that	which, that	whose
사람, 사물, 동물	that	that	whose

핵심 과거 사실과 반대되는 상황을 가정하는 가정법 과거완료의 형태와, 선행사가 사람일 때 쓰는 주격 관계대명사에 유의한다.

동명사와 현재분사 구분

동명사와 현재분사는 둘 다 「동사원형+-ing」로 형태가 같지만 그 역할이 다르다.

동명사는 문장에서 명사처럼 쓰여 주어, 목적어, 보어 역할을 한다.
Winning is not everything. 〈주어〉
Would you *mind* **opening** the door? 〈동사의 목적어〉
How *about* **going** on a trip to Italy? 〈전치사의 목적어〉
My brother's hobby is **playing** the guitar. 〈보어〉

현재분사는 문장에서 형용사처럼 쓰여 명사를 수식하거나, be동사와 함께 쓰여 진행형으로 사용된다.
Mr. Kim woke up the **sleeping** *boy*. 〈명사 수식〉
Ivy *is* **playing** the violin. 〈진행형〉

핵심 동명사는 명사처럼 주어, 목적어, 보어 역할을 하며, 현재분사는 형용사처럼 명사를 수식하거나 진행형으로 쓰인다.

13 완료형 수동태

다음 중 빈칸에 알맞은 것을 고르시오.

> This site _____ to a new server.

① moves ② is being moving
③ has moved ④ has been moved
⑤ is been moved

완료형 수동태

완료형 수동태는 「have[has] been v-ed」의 형태로, 수동태의 be동사를 완료형으로 바꾸어 나타낸다.

The thief **has been arrested** by the police.
The baby **has been given** a lot of love by her parents.

핵심 완료형 수동태는 「have[has] been v-ed」의 형태이다.

14 간접의문문

다음 중 빈칸에 들어갈 수 <u>없는</u> 것을 고르시오.

> Can I ask _____?

① who is he
② if the rumor is true
③ when her birthday is
④ where the post office is
⑤ whether she will come here

간접의문문

의문문이 종속절처럼 다른 문장의 일부로 쓰일 때, 이것을 간접의문문이라고 한다. 의문사가 있는 경우 간접의문문은 「의문사+주어+동사」의 어순으로 쓰며, 의문사가 없는 경우 「if[whether]+주어+동사」의 어순으로 쓴다.

Please tell me **how I can remove** this computer virus.
← Please tell me. + How can I remove this computer virus?

핵심 의문사가 있는 간접의문문의 어순은 「의문사+주어+동사」이다.

15 「조동사+have v-ed」의 의미

다음 우리말을 영어로 바르게 옮긴 것을 고르시오.

> 그가 그 뮤직비디오를 봤을 리가 없다.

① He should not have watched the music video.
② He must have watched the music video.
③ He may not have watched the music video.
④ He cannot have watched the music video.
⑤ He had better not watch the music video.

「조동사+have v-ed」의 의미

may have v-ed	~이었을지도 모른다 〈과거 사실에 대한 약한 추측〉
must have v-ed	~이었음이 틀림없다 〈과거 사실에 대한 강한 추측〉
cannot[can't] have v-ed	~이었을 리가 없다 〈과거 사실에 대한 강한 부정〉
should have v-ed	~했어야 했다 (그러나 하지 않았다) 〈과거 사실에 대한 후회나 유감〉

He **may have called** when you were out.
She doesn't have the ring on her finger. She **must have lost** it.
There were no tickets left. They **cannot have gone** to the musical.
I **should have apologized** to her for my behavior.

핵심 '~이었을 리가 없다'는 「cannot[can't] have v-ed」로 나타낸다.

16 독립부정사

다음 우리말과 일치하도록 주어진 단어를 활용하여 문장을 완성하시오.

> 우선, 나는 그 색상이 마음에 들지 않는다. (begin)

정답 _____, I don't
like the color.

독립부정사

독립적인 뜻을 가진 to부정사로 문장 전체를 수식하는 부사의 역할을 한다.

- to be sure: 확실히
- to begin with: 우선, 먼저
- to be frank (with you): 솔직히 말하면
- to tell the truth: 사실대로 말하면
- to make matters worse: 설상가상으로
- so to speak: 말하자면, 즉
- not to mention: ~은 말할 것도 없이
- to make a long story short: 간단히 말하면

핵심 '우선, 먼저'를 나타내는 독립부정사는 to begin with이다.

17 「It is[was] ~ that ...」 강조 구문

다음 우리말과 일치하도록 주어진 단어를 바르게 배열하시오.

> 그의 꿈을 실현시켰던 것은 바로 노래에 대한 그의 사랑이었다.
> (was, come true, that, made, it, his dream, his love for singing)

정답 _____

_____

「It is[was] ~ that ...」 강조 구문

강조하고자 하는 말을 It is[was]와 that 사이에 두고, 나머지는 that 이하에 써서 '…한 것은 바로 ~이다'라는 의미를 나타낸다. 사람을 강조할 때는 that 대신 who를 쓸 수 있다.

Alex will be playing the piano at Anna's wedding.

→ **It is** *Alex* **that[who]** will be playing the piano at Anna's wedding. 〈Alex 강조〉

→ **It is** *the piano* **that** Alex will be playing at Anna's wedding. 〈the piano 강조〉

→ **It is** *at Anna's wedding* **that** Alex will be playing the piano. 〈at Anna's wedding 강조〉

핵심 강조하고자 하는 말인 '노래에 대한 그의 사랑'을 It was와 that 사이에 쓴다.

18 도치 구문의 형태 (so/neither 도치)

다음 우리말과 일치하도록 주어진 단어를 활용하여 문장을 완성하시오.

> 나의 남편은 우리의 새 집에 만족하지 않았고, 나 또한 그렇지 않았다. (neither)

정답 My husband wasn't satisfied with our new

house, and _____.

도치 구문의 형태 (so/neither 도치)

「so+동사+주어」는 '~도 또한 그렇다'의 의미로 긍정문 뒤에, 「neither+동사+주어」는 '~도 또한 그렇지 않다'의 의미로 부정문 뒤에 쓴다. 동사가 일반동사인 경우에는 주어의 수와 시제에 따라 do[does/did]를 쓴다.

The food was terrible, and so was the service.
= the service was terrible, too.

I can't go any further. — Neither can I.
= I can't go any further, either.

핵심 부정문 뒤에 쓰는 neither를 이용한 도치 구문은 「neither+동사+주어」의 어순으로 쓴다.

19 관계부사

다음 문장에서 생략할 수 있는 부분을 찾아 쓰시오. (2단어로 쓸 것)

Kyoto is the place where I learned about Japanese culture.

정답 _____

20 복합관계부사

다음 우리말과 일치하도록 괄호 안에서 알맞은 말을 골라 쓰시오.

너는 차가 있다면 네가 원하는 곳은 어디든지 갈 수 있다.
You can go (where / wherever) you want if you have a car.

정답 _____

관계부사

관계부사는 선행사를 수식하는 절을 이끌어 「접속사+부사」의 역할을 하며 「전치사+선행사」를 대신한다. 선행사와 관계부사는 함께 쓰거나 둘 중 하나를 생략할 수 있다. 단, the way와 how는 함께 쓸 수 없다.

	선행사	관계부사
시간	the time, the day, the year 등	when
장소	the place, the house, the city 등	where
이유	the reason	why
방법	the way	how

The Internet has changed **how[the way]** we communicate.

핵심 선행사와 관계부사 둘 중 하나를 생략할 수 있다.

복합관계부사

「관계부사+-ever」의 형태로 시간·장소의 부사절을 이끌거나 양보의 부사절을 이끈다.

복합관계부사	시간·장소의 부사절	양보의 부사절
whenever	~할 때는 언제든지 (any time (that) / at any time)	언제 ~하더라도 (no matter when)
wherever	~하는 곳은 어디든지 (at[in/to] any place (that))	어디서 ~하더라도 (no matter where)
however	–	아무리 ~하더라도 (no matter how)

Whenever I saw her, I burst into laughter. 〈시간의 부사절〉
= Any time (that)

Sit down **wherever** you want to. 〈장소의 부사절〉
= at any place (that)

However humble it may be, there is no place like home. 〈양보의 부사절〉
= No matter how

핵심 '~하는 곳은 어디든지'를 나타내는 것은 복합관계부사 **wherever**이다.

01 주어와 동사의 수 일치 / 시제 일치의 예외

다음 빈칸에 공통으로 들어갈 말을 고르시오.

- The number of birds _____ declining in many cities.
- I learned that water _____ composed of hydrogen and oxygen.

---

① be
② is
③ are
④ was
⑤ will be

02 수동태의 여러 형태

다음 문장을 수동태로 고친 것 중 어법상 <u>틀린</u> 것을 고르시오.

① People believe that the rumor is true.

→ It is believed that the rumor is true.

② Mr. Lee has investigated the case.

→ The case has been investigated by Mr. Lee.

③ The waiter is serving the customers.

→ The customers are being served by the waiter.

④ The detective saw a man throw away a bag.

→ A man was seen to throw away a bag by the detective.

⑤ People say that she is the best writer of the 20th century.

→ She is said be the best writer of the 20th century.

주어와 동사의 수 일치

「a number of+복수명사」는 '많은 ~'이라는 뜻으로 복수 취급, 「the number of+복수명사」는 '~의 수'라는 뜻으로 단수 취급한다.

A number of school events *are* planned for October.
The number of cars *rises* every year.

시제 일치의 예외

과학적 사실, 변하지 않는 사실, 속담 등은 주절의 시제와 관계 없이 종속절에 항상 현재시제를 쓴다.

My teacher **said** that water **boils** at 100℃. 〈과학적 사실〉
　　　주절　　　　　　　　종속절
Jane **said** that he **is** Canadian. 〈현재의 사실〉
　　　주절　　　　종속절

> 핵심 「the number of+복수명사」는 단수 취급, 과학적 사실은 주절의 시제와 관계 없이 항상 현재시제로 쓴다.

수동태의 여러 형태

진행형 수동태

「be being v-ed」의 형태로, 수동태의 be동사를 진행형으로 바꾸어 나타낸다.

A tall building **is being constructed** by the company.

완료형 수동태

「have[has] been v-ed」의 형태로, 수동태의 be동사를 완료형으로 바꾸어 나타낸다.

The flight to Mexico **has been cancelled**.

목적어가 that절인 문장의 수동태

동사가 ask, believe, expect, report, say, show, think 등이고 목적어가 that절인 문장의 경우, 가주어 it이나 that절의 주어를 각각 주어로 하여 수동태 문장을 만들 수 있다.

People *say* **that** a picture is worth a thousand words.
→ **It** *is said* **that** a picture is worth a thousand words.
→ **A picture** *is said* **to be** worth a thousand words.

「지각동사+목적어+목적격보어」의 수동태

5형식 문장에서 지각동사의 목적격보어로 쓰인 현재분사는 수동태 문장에서 그대로 쓰고, 원형부정사가 쓰였을 때는 to부정사로 바꾼다.

She **was seen riding[to ride]** a bike.

> 핵심 능동태 문장의 형태에 따라 수동태의 형태가 달라지는 것에 유의한다.

03 조동사의 의미와 부정형

다음 우리말과 일치하도록 빈칸에 알맞은 것을 고르시오.

> 피아노를 치지 않는 게 좋겠어. 늦었잖니.
> → You _____ play the piano. It's late.

① would not
② don't have to
③ may not
④ had better not
⑤ used not to

04 조건을 나타내는 종속접속사

다음 우리말을 영어로 바르게 옮긴 것을 고르시오.

> 네가 그녀에게 말하지 않으면, 그녀는 절대 진실을 알 수 없을 거야.

① She will never know the truth if you tell her.
② She will never know the truth if you tell her not.
③ She will never know the truth unless you don't tell her.
④ She will never know the truth if you don't tell her.
⑤ She will never know the truth even if you tell her.

조동사의 의미

had better	~하는 게 좋겠다 〈충고〉
would rather	~하는 게 더 낫겠다 〈충고〉
would rather … than ~	~하느니 차라리 …하겠다 〈충고〉
would	~하곤 했다 〈과거의 습관〉
used to	~이었다 〈과거의 습관·상태〉

You **had better** go before it rains.
The subway is too crowded. I **would rather** drive.
I **would rather** wear a dress **than** a suit.
I **would**(= **used to**) go hiking every Sunday.
There **used to** be a bank on that corner.

조동사의 부정형

조동사 뒤에 not을 붙이거나 앞에 don't를 붙여 부정형을 만든다.

must not	~하면 안 된다 〈금지〉
had better not	~하지 않는 게 좋겠다 〈충고〉
don't have to	~할 필요 없다 〈불필요〉

You **must not** wear a hat here.
You **don't have to** wear a hat here.

> **핵심** '~하지 않는 게 좋겠다'는 had better의 부정형으로 나타낼 수 있다.

조건을 나타내는 종속접속사

if는 '만약 ~한다면'의 의미이며, unless는 '만약 ~하지 않으면'의 의미로 부정의 의미를 포함하고 있다. unless는 if ~ not으로 바꿔 쓸 수 있다.
If you do this for me, I'll take you out to dinner.
Unless you hurry, you'll miss the train.
(= **If** you do **not** hurry, you'll miss the train.)

> **핵심** '~하지 않으면'은 if ~ not 또는 unless로 나타낸다.

05 종속접속사 that과 관계대명사 that

다음 중 밑줄 친 부분의 쓰임이 나머지와 다른 것을 고르시오.

① It was surprising <u>that</u> she became a writer.
② <u>That</u> he is only 20 years old is unbelievable.
③ It is the only song <u>that</u> he made in the 1980s.
④ Isn't it amazing <u>that</u> apes can use tools like us?
⑤ It is obvious <u>that</u> he stole something from the safe.

종속접속사 that

명사절을 이끌어 문장 내에서 주어, 목적어, 보어의 역할을 하며, '~라는 것'으로 해석한다. 접속사 that이 이끄는 명사절이 주어 역할을 할 때, 이를 뒤로 보내고 주어 자리에 가주어 it을 쓸 수 있다.
That he is from China is not true. 〈주어〉
(→ *It* is not true **that** he is from China.) 〈진주어〉
　　가주어　　　　　　　　　　진주어
I think (**that**) you are really smart. 〈목적어〉
The problem is **that** he complains about everything. 〈보어〉

관계대명사 that

앞에 오는 명사를 수식하는 절을 이끌며, 접속사와 대명사의 역할을 동시에 한다. 관계대명사 that은 선행사가 사람이나 사물, 동물일 때 모두 쓸 수 있으며, 주격과 목적격 관계대명사로 쓸 수 있다.
Jane has *a sister* **that** is a singer. 〈주격 관계대명사〉
I read *the book* **that** you recommended. 〈목적격 관계대명사〉

> **핵심** 명사절을 이끄는 종속접속사 that은 완전한 절 앞에 쓰이며, 관계대명사 that은 선행사가 관계대명사절 내에서 주어나 목적어 역할을 하므로 불완전한 절이 뒤따른다.

06 독립분사구문

다음 문장을 분사구문으로 바르게 옮긴 것을 고르시오.

> As the dog barked at me, I ran away.

① The dog barked at me, I ran away.
② The dog barking at me, I ran away.
③ The dog to bark at me, I ran away.
④ As barking at me, I ran away.
⑤ Being barked at me, I ran away.

독립분사구문

분사구문을 만들 때 주절의 주어와 같은 부사절의 주어는 생략한다. 그런데 부사절과 주절의 주어가 서로 다를 경우, 부사절의 주어를 분사구문의 주어로 남겨고 이를 독립분사구문이라고 한다.
The weather being cold, she closed the windows.
　　　└──── ≠ ────┘

> **핵심** 부사절의 주어는 the dog, 주절의 주어는 I이므로 분사구문을 만들 때 부사절의 주어를 생략하지 않는다.

07 관계대명사의 생략

다음 중 밑줄 친 부분을 생략할 수 있는 것을 고르시오.

① The handbag which has a gold buckle is expensive.

② He is the man whose sister is a chef.

③ You bought the same perfume that I used to wear.

④ Leo is the actor who played Romeo in the movie.

⑤ Karen is the person with whom I share my office.

관계대명사의 생략

목적격 관계대명사의 생략

목적격으로 쓰인 관계대명사 who(m), which, that은 생략 가능하다. 단, 「전치사+관계대명사」의 순서로 쓰는 경우에는 생략할 수 없다.

Is that the necklace (**which[that]**) you were looking *for*?
　　　　　　　　　　　생략 가능

Is that the necklace *for* **which** you were looking?
　　　　　　　　　　　생략 불가

「주격 관계대명사+be동사」의 생략

「주격 관계대명사+be동사」 뒤에 형용사구, 분사구 또는 전치사구가 이어질 때, 「주격 관계대명사+be동사」를 생략할 수 있다.

MJ offered some cookies (**which were**) made with ginger.

핵심 **목적격 관계대명사는 생략 가능하다.**

08 3형식 문장의 수동태

다음 중 빈칸에 알맞은 것을 고르시오.

| The short novel _____ by an unknown author. |

① write

② wrote

③ writing

④ was writing

⑤ was written

3형식 문장의 수동태

수동태 만드는 방법

① 능동태의 목적어를 수동태의 주어로 쓴다.

② 능동태의 동사를 「be동사+v-ed」의 형태로 바꾼다. 이때, 시제는 유지한다.

③ 능동태의 주어를 「by+행위자」로 바꿔 수동태 문장의 끝에 쓴다.

Stress causes many health problems.
　주어　　　　　　　　목적어

→ Many health problems **are caused** *by stress*.
　　주어　　　　　　　be동사+v-ed　by+행위자

핵심 **수동태의 동사는 「be동사+v-ed」의 형태로 쓴다.**

09 「의문사+to부정사」

다음 중 밑줄 친 부분이 어법상 틀린 것을 고르시오.

① Whenever the baby cries, I don't know <u>what I should do</u>.
② Do you know <u>how to turn off</u> this machine?
③ Have you and Max decided <u>where you should meet</u>?
④ I'll tell you <u>when leave</u> home.
⑤ She doesn't know <u>what she should say</u> to him right now.

「의문사+to부정사」
「의문사+to부정사」는 문장에서 주어, 목적어, 보어 역할을 하며 「의문사+주어+should[can]+동사원형」으로 바꿔 쓸 수 있다. 단, 「why+to부정사」는 쓰지 않는다.

- what to-v: 무엇을 ~할지
- when to-v: 언제 ~할지
- where to-v: 어디서 ~할지
- how to-v: 어떻게 ~할지
- who(m) to-v: 누구를[누구와] ~할지

Where to meet him has not yet been decided. 〈주어〉
I don't know **how to drive**. 〈목적어〉
My question is **when to start** the project. 〈보어〉

핵심 의문사에 따라 달라지는 「의문사+to부정사」 구문의 형태에 유의한다.

10 to부정사와 동명사

다음 중 빈칸에 들어갈 수 없는 것을 고르시오.

I _____ getting up early in the morning.

① like   ② begin
③ want   ④ hate
⑤ practice

to부정사와 동명사
to부정사를 목적어로 취하는 동사: want, need, plan, agree, decide, expect, hope, learn, offer, promise, refuse 등

동명사를 목적어로 취하는 동사: enjoy, avoid, mind, finish, keep, give up, quit, practice, consider 등

to부정사와 동명사 둘 다 목적어로 취하는 동사: love, like, hate, begin, start, continue 등

핵심 동사 want는 to부정사만 목적어로 취한다.

11 상관접속사

다음 중 빈칸에 알맞은 것을 고르시오.

> Ted _____ drinks nor smokes because he cares about his health.

① both
② either
③ neither
④ not only
⑤ so

상관접속사

상관접속사는 두 개 이상의 단어가 짝을 이루어 하나의 접속사 역할을 한다. 「both A and B」는 복수 취급하고, 나머지는 모두 B에 동사의 수를 일치시킨다.

- both A and B: A와 B 둘 다
- not only A but also B(= B as well as A): A뿐만 아니라 B도
- either A or B: A 또는 B
- neither A nor B: A도 B도 아닌

Both my boyfriend **and** I *like* ice cream.
Not only I **but also** Mr. Harris *works* for the radio station.
= Mr. Harris, **as well as** I, *works* for the radio station.
Either your parents **or** your teacher *is* going to help you.
Neither she **nor** I *have* any money.

핵심 「neither A nor B」는 'A도 B도 아닌'을 나타내는 상관접속사이다.

12 지각동사의 목적격보어 / 분사구문의 형태 / 주어와 동사의 수 일치

다음 중 어법상 **틀린** 것을 고르시오.

① I found my daughter cooking spaghetti for us.
② Having not any food at home, we decided to eat out.
③ Looking out of the window, my dog started to bark.
④ After taking a shower, I drank a cup of water.
⑤ Most of the people invited to the wedding were his coworkers.

지각동사의 목적격보어

지각동사의 목적어와 목적격보어가 의미상 능동 관계이면서 목적어의 동작이 진행 중임을 강조할 때는 목적격보어로 현재분사를 쓴다. 반면, 지각동사와 사역동사의 목적어와 목적격보어가 의미상 수동 관계이면 과거분사를 쓴다.
Samuel **heard** *his wife* **calling** him from upstairs.
I **saw** *a car* **parked** on the side of the road.

분사구문의 형태

분사구문은 부사절의 접속사와 주절의 주어와 동일한 주어를 생략한 후, 동사를 현재분사의 형태로 바꿔서 나타낸다. 이때 의미를 분명하게 하기 위해 접속사를 남겨두기도 한다. 문맥에 따라 동시동작, 시간·때, 이유, 조건 등으로 해석할 수 있다.
분사구문의 부정형은 분사구문 앞에 Not을 써서 만든다.
Finishing dinner, he went out for a walk.
Not having breakfast, I felt hungry.
While talking to his girlfriend, he felt much better. 〈접속사를 생략하지 않은 경우〉

주어와 동사의 수 일치

「all[most/half/some/the rest/분수] of+명사」는 of 뒤에 오는 명사의 수에 동사의 수를 일치시킨다.
All of the information here **is** confidential.

핵심 분사구문의 부정형은 앞에 Not을 써서 나타낸다.

13 혼합가정법

다음 우리말과 일치하도록 빈칸에 알맞은 것을 고르시오.

> 지난밤에 눈이 더 왔더라면, 나는 지금 스키 타러 갈 텐데.
>
> → If it had snowed more last night, I _____ skiing now.

① went
② will go
③ would go
④ would had gone
⑤ would have gone

14 간접화법

다음 문장을 간접화법으로 고친 것 중 어법상 틀린 것을 고르시오.

① My sister said, "I will work out every day to lose weight."
   → My sister said that she would work out every day to lose weight.
② Leo said to his boss, "I can't finish the work today."
   → Leo told his boss that he couldn't finish the work that day.
③ My teacher said to us, "Don't use your cell phones in the classroom."
   → My teacher told us not to use our cell phones in the classroom.
④ I asked her, "Where is the nearest bank?"
   → I asked her where is the nearest bank.
⑤ He said to me, "Have you ever been to China?"
   → He asked me if I had ever been to China.

15 as if[though] 가정법

다음 우리말을 영어로 바르게 옮긴 것을 고르시오.

나는 그를 모르는 것처럼 행동했다.

① I act as if I didn't know him.
② I act as if I hadn't known him.
③ I acted as if I didn't know him.
④ I acted as if I hadn't known him.
⑤ I acted as if I don't known him.

16 최상급을 이용한 비교 표현

다음 우리말과 일치하도록 주어진 단어를 활용하여 문장을 완성하시오. (7단어로 쓸 것)

이것은 내가 먹어본 것 중 최고의 케이크야.
(best, have ever, tasted)

→ This is _____.

정답 _____

17 by 이외의 전치사를 쓰는 수동태

다음 중 **잘못된** 부분을 찾아 바르게 고쳐 쓰시오.

> Justin's new album is filled by songs about his life.

정답 _____ → _____

by 이외의 전치사를 쓰는 수동태

- be filled with: ~로 가득 차다
- be known as: ~로 알려져 있다
- be known for: ~로 유명하다
- be crowded with: ~로 붐비다
- be interested in: ~에 관심이 있다
- be covered with[in]: ~로 덮여 있다
- be worried about: ~에 대해 걱정하다
- be concerned about: ~에 대해 걱정하다
- be disappointed with[in/at]: ~에 실망하다
- be pleased with[about]: ~에 기뻐하다
- be satisfied with: ~에 만족하다

핵심 수동태의 행위자를 나타낼 때 주로 전치사 by를 쓰지만, by 이외의 전치사를 쓰는 경우도 있다.

---

18 「조동사+have v-ed」의 의미

다음 우리말과 일치하도록 주어진 말을 활용하여 문장을 완성하시오. (4단어로 쓸 것)

> 나는 회의에 늦었다. 나는 더 일찍 일어났어야 했다.
> (wake up)
> → I was late for the meeting. I _____ _____ earlier.

정답 _____

「조동사+have v-ed」의 의미

may have v-ed	~이었을지도 모른다 〈과거 사실에 대한 약한 추측〉
must have v-ed	~이었음이 틀림없다 〈과거 사실에 대한 강한 추측〉
cannot[can't] have v-ed	~이었을 리가 없다 〈과거 사실에 대한 강한 부정〉
should have v-ed	~했어야 했다 (그러나 하지 않았다) 〈과거 사실에 대한 후회나 유감〉

He **may have called** when you were out.
She doesn't have the ring on her finger. She **must have lost** it.
There were no tickets left. They **cannot have gone** to the musical.
I **should have apologized** to her for my behavior.

핵심 과거 사실에 대한 후회나 유감은 「should have v-ed」로 나타낸다.

19 비교급을 이용한 비교 표현

다음 우리말과 일치하도록 주어진 단어를 바르게 배열하시오.

> 우리가 더 많이 운동하면 할수록 우리는 더 건강해진다.
> (the, become, the, exercise, more, we, we, healthier)

정답 _____

_____

비교급을 이용한 비교 표현

「the+비교급 ~, the+비교급 …」: ~하면 할수록 더 …하다
「비교급+and+비교급」: 점점 더 ~한[하게]

The sooner we finish this job, **the sooner** we can eat dinner.
The weather is getting **hotter and hotter**.

핵심 '~하면 할수록 더 …하다'는 「the+비교급 ~, the+비교급 …」으로 나타낸다.

20 「It is[was] ~ that …」 강조 구문

다음 밑줄 친 부분을 강조하여 문장을 다시 쓰시오.

> We watched a movie about the universe last night.

정답 _____

_____

「It is[was] ~ that …」 강조 구문

강조하고자 하는 말을 It is[was]와 that 사이에 두고, 나머지는 that 이하에 써서 '…한 것은 바로 ~이다'라는 의미를 나타낸다. 사람을 강조할 때는 that 대신 who를 쓸 수 있다.
Alex will be playing the piano at Anna's wedding.
→ **It is** *Alex* **that[who]** will be playing the piano at Anna's wedding. 〈Alex 강조〉
→ **It is** *the piano* **that** Alex will be playing at Anna's wedding. 〈the piano 강조〉
→ **It is** *at Anna's wedding* **that** Alex will be playing the piano. 〈at Anna's wedding 강조〉

핵심 강조하고자 하는 말을 It was와 that 사이에 쓴다.

01 복합관계사

다음 중 밑줄 친 부분과 바꿔 쓸 수 <u>없는</u> 것을 고르시오.

① <u>No matter how</u> fast you run, you can't win the
      → However
  race.
② <u>Whatever</u> he says, don't believe him.
     → No matter what
③ My dog follows me <u>wherever</u> I go.
                 → to any place that
④ <u>No matter when</u> you need me, I'll be there for
     → Whenever
  you.
⑤ Please feel free to choose <u>whichever</u> you like.
                  → no matter which

복합관계사

복합관계대명사

「관계대명사+-ever」의 형태로 명사절 또는 양보의 부사절을 이끈다.

복합관계대명사	명사절	양보의 부사절
whoever	~하는 사람은 누구나 (anyone who)	누가 ~하더라도 (no matter who)
whichever	~하는 것은 어느 것이든 (anything which)	어느 것을 ~하더라도 (no matter which)
whatever	~하는 것은 무엇이든 (anything that)	무엇을 ~하더라도 (no matter what)

복합관계부사

「관계부사+-ever」의 형태로 시간·장소의 부사절이나 양보의 부사절을 이끈다.

복합관계부사	시간·장소의 부사절	양보의 부사절
whenever	~할 때는 언제든지 (any time (that) / at any time)	언제 ~하더라도 (no matter when)
wherever	~하는 곳은 어디든지 (at[in/to] any place (that))	어디서 ~하더라도 (no matter where)
however	–	아무리 ~하더라도 (no matter how)

핵심 명사절을 이끄는 복합관계대명사 whichever는 anything which 로 바꿔 쓸 수 있다.

02 종속접속사 that과 관계대명사 that

다음 **보기**의 밑줄 친 부분과 쓰임이 같은 것을 고르시오.

> **보기** This is the movie <u>that</u> was filmed in my town.

① I forgot <u>that</u> I had a meeting.
② It was strange <u>that</u> Jake missed the class.
③ I hope <u>that</u> nobody gets hurt in the competition.
④ There are some websites <u>that</u> provide free classes.
⑤ She told me <u>that</u> she couldn't come to my birthday party.

종속접속사 that

명사절을 이끌어 문장 내에서 주어, 목적어, 보어의 역할을 하며, '~라는 것'으로 해석한다. 접속사 that이 이끄는 명사절이 주어 역할을 할 때, 이를 뒤로 보내고 주어 자리에 가주어 it을 쓸 수 있다.
명사의 의미를 보충하기 위해 접속사 that이 이끄는 명사절을 덧붙이는 경우가 있는데, 이를 동격이라고 한다. 동격절을 이끄는 that도 접속사이다.
I heard **that** the poll results are shocking. 〈목적어〉
We think highly of the fact **that** she is confident. 〈동격〉
                        └─── = ───┘

관계대명사 that

앞에 오는 명사를 수식하는 절을 이끌며, 접속사와 대명사의 역할을 동시에 한다. 관계대명사 that은 선행사가 사람이나 사물, 동물일 때 모두 쓸 수 있으며, 주격과 목적격 관계대명사로 쓸 수 있다.
I heard about the results **that** were shocking. 〈주격 관계대명사〉

핵심 주어진 문장의 that은 주격 관계대명사이다.

03
최상급 표현 / 감정을 나타내는 분사 / 「with+목적어+분사」 구문

다음 중 밑줄 친 부분이 어법상 틀린 것을 고르시오.

① These are the worst noodles I've ever eaten!
② No other animal is as large as the blue whale.
③ Nothing is more important than true friendship.
④ The annoying sounds bothered the students during the test.
⑤ The customer complained about the product with his arms crossing.

최상급 표현

the+최상급+명사(+that)+주어+have ever v-ed: 지금까지 ~한 것 중 가장 …한
No (other)+단수명사 ~ as[so]+원급+as: 어떤 것[누구]도 …만큼 ~하지 않은

감정을 나타내는 분사

'~한 감정을 느끼게 하는'이라는 능동의 뜻이면 현재분사로, '~한 감정을 느끼게 되는'이라는 수동의 뜻이면 과거분사로 쓴다.

embarrassing (당황하게 하는) – embarrassed (당황한)
interesting (흥미로운) – interested (흥미가 있는)
surprising (놀라게 하는) – surprised (놀란)

「with+목적어+분사」 구문

「with+목적어+분사」 형태로, '~가 …한[된] 채로'라는 의미를 나타낸다. 목적어 역할을 하는 (대)명사와 분사가 의미상 능동 관계일 때는 현재분사를, 수동 관계일 때는 과거분사를 쓴다.
I took a walk **with my dog following** me.
She was sitting on a bench **with her legs crossed**.

> **핵심** 「with+목적어+분사」 구문에서 목적어와 분사의 관계가 수동이면 과거분사를 쓴다.

04
동명사와 to부정사를 목적어로 취하는 동사

다음 빈칸에 공통으로 들어갈 말을 고르시오.

• The man refused _____ his name.
• I regret _____ that I can't go to the movie tonight.

① say ② to say
③ to be said ④ saying
⑤ having said

동명사와 to부정사를 목적어로 취하는 동사

to부정사를 목적어로 취하는 동사: want, need, plan, agree, decide, expect, hope, learn, offer, promise, refuse 등

목적어의 형태에 따라 의미가 달라지는 동사

remember+동명사	(과거에) ~했던 것을 기억하다
remember+to부정사	(앞으로) ~할 것을 기억하다
forget+동명사	(과거에) ~했던 것을 잊다
forget+to부정사	(앞으로) ~할 것을 잊다
try+동명사	시험삼아 ~해 보다
try+to부정사	~하려고 애쓰다[노력하다]
regret+동명사	(과거에) ~했던 것을 후회하다
regret+to부정사	(현재·미래에) ~하게 되어 유감이다

> **핵심** refuse는 to부정사를 목적어로 취하며 regret은 동명사와 to부정사 모두 목적어로 취한다.

05 목적어가 that절인 문장의 수동태

다음 우리말을 영어로 바르게 옮긴 것을 고르시오.

> 아이스하키는 캐나다의 몬트리올에서 시작되었다고 믿어진다.

① Ice hockey began in Montreal, Canada.
② Montreal, Canada, is believed to begin ice hockey.
③ Ice hockey believed that it began in Montreal, Canada.
④ It believes that ice hockey began in Montreal, Canada.
⑤ It is believed that ice hockey began in Montreal, Canada.

목적어가 that절인 문장의 수동태

동사가 ask, believe, expect, report, say, show, think 등이고 목적어가 that절인 문장의 경우, 가주어 it이나 that절의 주어를 각각 주어로 하여 수동태 문장을 만들 수 있다.

People *say* **that** the politician is in trouble.
→ **It** *is said* **that** the politician is in trouble.
→ **The politician** *is said* **to be** in trouble.

핵심 문장의 동사가 believe이고 목적어가 that절인 수동태 문장이 되어야 한다.

06 to부정사의 의미상의 주어

다음 중 빈칸에 알맞은 것을 고르시오.

> It was nice _____ you to help the old lady.

① to   ② for
③ of   ④ about
⑤ with

to부정사의 의미상의 주어

to부정사가 나타내는 행위나 상태의 주체는 주로 「for+목적격」으로 나타낸다. 단, to부정사 앞에 사람의 성격이나 성질에 대한 주관적 평가를 나타내는 형용사(kind, rude, polite, foolish, careless 등)가 올 때는 「of+목적격」을 쓴다.

The movie was hard **for me** to understand.
It was *kind* **of you** to help those homeless people.

핵심 to부정사 앞에 사람의 성격이나 성질에 대한 주관적 평가를 나타내는 형용사가 올 경우에는 「of+목적격」으로 의미상의 주어를 쓴다.

07 독립부정사

다음 우리말과 일치하도록 빈칸에 알맞은 것을 고르시오.

> 설상가상으로, 우리 팀의 최고의 선수가 발목을 삐었다.
> → _____, the best player on our team twisted her ankle.

① To be sure
② To begin with
③ To tell the truth
④ To make matters worse
⑤ To make a long story short

독립부정사

독립적인 뜻을 가진 to부정사로 문장 전체를 수식하는 부사의 역할을 한다.

- to be sure: 확실히
- to begin with: 우선, 먼저
- to be frank (with you): 솔직히 말하면
- to tell the truth: 사실대로 말하면
- to make matters worse: 설상가상으로
- so to speak: 말하자면, 즉
- not to mention: ~은 말할 것도 없이
- to make a long story short: 간단히 말하면

핵심 '설상가상으로'를 나타내는 독립부정사는 to make matters worse 이다.

08 관계대명사의 계속적 용법

다음 중 빈칸에 알맞은 것을 고르시오.

> I went to a café. But there were too many people there, _____ made me irritated.

① that ② who
③ which ④ where
⑤ what

관계대명사의 계속적 용법

관계사절이 선행사에 대한 부가적인 정보를 제공할 때 쓴다. 관계사 앞에 콤마(,)를 써서 계속적 용법임을 나타낸다.
계속적 용법으로 쓰인 관계대명사는 생략할 수 없으며 「접속사+대명사」로 바꿔 쓸 수 있다. 관계대명사 that은 계속적 용법으로 쓰지 않는다.
I called *Jamie*, **who** didn't answer the phone.
　　　　　　　　 = but he
He bought *a new camera*, **which** was made in China.
　　　　　　　　　　　　 = and it
I came home late, **which** made my mom angry.
　　　　　　　　 = and this

핵심 앞 절 전체를 선행사로 하며 계속적 용법으로 쓰이는 관계대명사가 와야 한다.

09 가정법 과거완료

다음 우리말을 영어로 바르게 옮긴 것을 고르시오.

> 그가 지시를 따랐더라면, 다치지 않았을 텐데.

① If he follows orders, he won't be injured.
② If he followed orders, he wouldn't be injured.
③ If he had followed orders, he wouldn't be injured.
④ If he had followed orders, he wouldn't have been injured.
⑤ Having he followed orders, he wouldn't have been injured.

10 수동태의 여러 형태

다음 빈칸에 들어갈 말이 바르게 짝지어진 것을 고르시오.

> • The dog was made _____ the newspaper to its owner.
> • An old lady was heard _____ for help.

① bring – to scream
② bring – screaming
③ to bring – scream
④ to bring – screaming
⑤ bringing – to scream

11 관계대명사 / 관계부사 / 분사구문의 형태

다음 중 어법상 **틀린** 것의 개수를 고르시오.

> a. The dress that I bought online didn't fit me.
> b. This is the hotel which Queen Elizabeth stayed.
> c. Knowing not where I was, I started to walk.
> d. Using this map application, you can find your
>   way easily.

① 0개　　② 1개　　③ 2개　　④ 3개　　⑤ 4개

관계대명사

선행사의 종류와 관계대명사가 관계대명사절 내에서 하는 역할에 따라 관계대명사의 종류가 결정된다.

선행사	주격	목적격	소유격
사람	who, that	who(m), that	whose
사물, 동물	which, that	which, that	whose
사람, 사물, 동물	that	that	whose

관계부사

관계부사는 선행사를 수식하는 절을 이끌어 「접속사+부사」의 역할을 하며 「전치사+선행사」를 대신한다. 선행사와 관계부사는 함께 쓰거나 둘 중 하나를 생략할 수 있다. 단, the way와 how는 함께 쓸 수 없다.

	선행사	관계부사
시간	the time, the day, the year 등	when
장소	the place, the house, the city 등	where
이유	the reason	why
방법	the way	how

The internet has changed **how[the way]** we communicate.

분사구문의 형태

분사구문은 부사절의 접속사와 주절의 주어와 동일한 주어를 생략한 후, 동사를 현재분사의 형태로 바꿔서 나타낸다. 문맥에 따라 동시동작, 시간·때, 이유, 조건 등으로 해석할 수 있다.

Watching TV, I ate popcorn. 〈동시동작〉
(← *While* I watched TV, I ate popcorn.)

Opening the door, I found the room empty. 〈시간·때〉
(← *When* I opened the door, I found the room empty.)

Having a cold, he went to the hospital. 〈이유〉
(← *As[Because]* he had a cold, he went to the hospital.)

Not buying two, you won't get a 15% discount. 〈조건〉
(← *If* you don't buy two, you won't get a 15% discount.)

핵심 관계부사의 쓰임과 분사구문의 부정형의 형태에 유의한다.

12 do 강조 구문

다음 중 밑줄 친 부분의 쓰임이 나머지와 **다른** 것을 고르시오.

① She <u>does</u> look nice in that coat.
② I <u>did</u> see Yeon Woo and Jaden on the street.
③ He <u>does</u> know the truth, but he won't tell me it.
④ They <u>do</u> think that you will regret your decision.
⑤ My sister <u>did</u> the dishes while I was sleeping.

do 강조 구문

동사를 강조할 때는 동사 앞에 조동사 do를 써서 「do[does/did]+동사원형」의 형태로 나타내며, '정말 ~하다'로 해석한다.
He **does look** good in a suit.
I **did read** the book, but I didn't like it.

핵심 동사를 강조하는 조동사 do와 일반동사 do를 구분해야 한다.

13 부분 부정

다음 중 문장의 해석으로 옳은 것을 고르시오.

> Not every student is satisfied with the new policy.

① 어떤 학생도 새 정책에 만족하지 않는다.
② 모든 학생이 새 정책에 만족한다.
③ 모든 학생이 새 정책에 만족하는 것은 아니다.
④ 모든 학생이 새 정책에 만족하지 않는 것은 아니다.
⑤ 학생들 중 누구도 새 정책에 만족하지 않는다.

14 도치 구문의 형태 (부정어 도치)

다음 중 빈칸에 알맞은 것을 고르시오.

> Never _____ such a boring movie.

① I have seen
② have seen I
③ have I seen
④ I haven't seen
⑤ haven't I seen

부분 부정

all, every, always 등이 not과 함께 쓰여 '모두[항상] ~인 것은 아니다' 라는 부분 부정의 의미를 나타낸다. 이때 주로 「not+all[every/always]」의 형태로 쓴다.
I'm **not always** thinking about my girlfriend.
Not every country has its own language.

핵심 「not+every」 형태의 부분 부정은 '모두 ~인 것은 아니다'로 해석한다.

도치 구문의 형태 (부정어 도치)

never, not, no, little, hardly, scarcely, rarely, only, seldom 등 부정어가 강조되어 문장 앞에 오는 경우에는 주어와 동사를 도치시켜 「부정어(구)+동사+주어」의 어순으로 쓴다. 일반동사가 있는 문장은 「부정어(구)+do[does/did]+주어+동사원형」으로, 조동사가 쓰인 경우에는 「부정어(구)+조동사+주어」로 쓴다.
Little does he care about appearances.
Never did he dream that he would become an actor.
Rarely can she spend time with her new roommate.

핵심 부정어 Never이 강조되어 문장 앞에 오는 경우이며, 「Never+have+주어+v-ed」의 어순으로 쓴다.

15 분사구문의 형태와 의미

다음 분사구문을 부사절로 바꾼 것 중 어법상 **틀린** 것을 고르시오.

① Falling asleep, she missed the TV show.
 → Since she fell asleep
② Finishing your work, you must clean your room.
 → After you finish your work
③ Feeling cold, Susan put on her coat.
 → Since she felt cold
④ Not having enough money, I can't afford a ticket.
 → Because I haven't had enough money
⑤ Calling Mark's name, Bob entered the classroom.
 → As he called Mark's name

16 미래완료

다음 주어진 문장의 밑줄 친 부분을 바르게 고쳐 쓰시오. (**3단어로** 쓸 것)

> If Kelly tries again, she <u>has taken</u> her driving test three times.

정답 _____

분사구문의 형태와 의미

분사구문은 문맥에 따라 동시동작, 시간·때, 이유, 조건 등으로 해석할 수 있으며, 「접속사+주어+동사」가 있는 부사절의 형태를 짐작할 수 있다.

분사구문 만드는 방법

> ① 부사절의 접속사를 생략한다.
> ② 부사절의 주어가 주절의 주어와 같으면 생략한다.
> ③ 부사절의 동사가 주절의 동사와 같은 때를 나타내는 경우에는 부사절의 동사를 현재분사(v-ing)로 쓰고, 부사절의 동사가 주절의 동사보다 이전에 일어난 일을 나타내는 경우에는 「having v-ed」로 쓴다.

Finishing dinner, he went out for a walk. 〈이유〉
(← *After* he finished dinner, he went out for a walk.)
Turning left, you can find the bookstore. 〈조건〉
(← *If* you turn left, you can find the bookstore.)

핵심 부사절과 주절의 시제가 같을 때 「v-ing」 형태의 단순 분사구문을 쓴다.

미래완료

「will have v-ed」의 형태로 쓰며, 미래의 특정 시점까지 또는 그 이전에 완료될 것으로 예상되는 일을 나타낸다.
My parents **will have been married** for 20 years next month.
I **will have finished** the report before the end of the week.

핵심 미래의 특정 시점에 완료될 일은 미래완료로 쓴다.

17 5형식 문장의 수동태

다음 능동태 문장을 수동태로 바꿔 쓰시오.

> My father found me sleeping on the couch.

정답 I _____

_____ by my father.

18 비교 표현

다음 두 문장을 주어진 단어를 활용하여 한 문장으로 나타낼 때 빈칸에 알맞은 말을 쓰시오.

> Hotel A is $25 per night. + Hotel B is $75 per night.
> → Hotel B is _____ than Hotel A. (times, expensive)

정답 _____

19 Without[But for] 가정법

다음 우리말과 일치하도록 주어진 단어를 바르게 배열하시오.

> 나의 코치님이 없었더라면 나는 그 메달을 받지 못했을 것이다.
> (have, wouldn't, but, I, won, my coach, for)

정답 _____

_____ the medal.

Without[But for] 가정법

주절이 가정법 과거 형태로 쓰이면 '(현재에) ~이 없다면[아니라면] …할 것이다'의 의미를 나타내고, 가정법 과거완료 형태로 쓰이면 '(과거에) ~이 없었더라면[아니었더라면] …했을 것이다'라는 의미를 나타낸다. 가정법 과거 문장에서는 Without[But for]가 If it were not for를 대신하고, 가정법 과거완료 문장에서는 If it had not been for를 대신한다.

Without technology, our lives _would be_ uncomfortable.
= If it were not for technology 〈가정법 과거〉

Without your help, I _couldn't have become_ an actor.
= If it had not been for your help 〈가정법 과거완료〉

핵심 '~이 없었더라면 …했을 것이다'는 가정법 과거완료 「But for ~, 주어+조동사의 과거형+have v-ed」로 나타낼 수 있다.

20 간접의문문

다음 두 문장을 주어진 단어를 활용하여 한 문장으로 쓰시오.

> Do you know? + Does she also like basketball?
> (whether)

정답 _____

간접의문문

의문문이 종속절처럼 다른 문장의 일부로 쓰일 때, 이것을 간접의문문이라고 한다. 의문사가 있는 경우 간접의문문은 「의문사+주어+동사」의 어순으로 쓰며, 의문사가 없는 경우 「if[whether]+주어+동사」의 어순으로 쓴다.

I doubt **if[whether] he can** solve this question by himself.
← I doubt. + Can he solve this question by himself?

핵심 의문사가 없는 간접의문문이므로 「whether+주어+동사」의 어순으로 쓴다.

MEMO

MEMO

MEMO